CB452

網路化×少子化×高齡化帶來好商機

一個人的經濟

成熟市場也有大金礦

大前研一

孫玉珍●譯

民の見えざる手
デフレ不況時代の新・国富論

目錄

第五章　|二十年後的競爭力|未來等待的人才

結　語　讓享受人生變成全民運動

中文版序

一個人的經濟正興，全球企業接招

大前研一

過去二十多年來，日本社會已經逐漸失去傳統家庭的束縛，過去典型的主流日本家庭，是四個人的小家庭，如果看電視，尤其是日本公共電視NHK的烹飪節目，就會發現每次的示範菜單都是四人份，但是根據調查，現在已有48%的人都是一個人收看這類節目，四人份的食譜其實對他們已經不適用。而且，當電視主持人說：「祝各位和家人有美好的一天」時，其實陪伴這些人看電視的都是寵物，根據統計現在日本貓狗的數量已經超過新生幼兒，達到2,500萬隻。

買不起房子，愈來愈晚婚

加上適婚年齡一直往後延，過去二十五歲左右是適婚年齡，後來變成三十歲，現在甚至有35%的三十五歲男性還和父母同住，形成日本社會特有的「單身寄生族」，但如果從經濟負擔的角度來看，也就不覺得奇怪了。因為這些青壯男性收入太低，負擔不起東京的房貸，甚至房租，而父母也樂意和他們同住。這些人在遇到適婚對象，一定會被問到：「你有自己的房子嗎？」如果買不起房子就無法結婚，實際結婚年齡也就愈拖愈晚，造成日本社會朝一個截然不同的方向發展。

過去男性的適婚年齡是二十八歲，女性是二十五歲，現在一直要拖到快四十歲才能定下來，形成龐大的「單身族」，這使得過去為了一家四口，開著家庭號小型休旅車，一次到大賣場買一個月份量的採購行為，也跟著改變了，取而代之的是，愈來愈多的一個人生活者依靠便利商店度日，便利商店漸漸成為單身族的冰箱，這就是為什麼近年來，日本都會區的連鎖家庭餐廳Danny's 或是 Skylark 逐漸出現經營困難的現象。

如果單身族到Danny's 或是Skylark用餐，進門就聽到小孩大哭，有些人很可能會慢慢不上門，然而當單身族成為主流客戶，這些餐廳如果沒有及早因應，就會遭遇經營瓶頸。另外，單身族也不去小家庭為了省錢而去的傳統超市，只去會提供各種一人份的蔬菜、肉類的小型超市，例如每包只有800公克的小包裝就最適合一個人的生活者。

單身是所有世代最大的族群

也就是說，日本過去二十年來的人口統計出現了結構性的劇烈變化，現在日本社會已經出現20歲單身，30歲單身，到了40歲還是單身的現象。因為很多女性決定不結婚，至於那些結婚的，到了50歲，有不少人卻決定離婚，加入龐大的單身族，使得「一個人的經濟體」愈來愈大。到了60歲，很多已婚女性已經習慣工作狂的老公長年不在家，當老公突然對她說：

「現在我可以陪你了。」60歲的太太就會說：「不用了，謝謝，我寧可一個人。我不是你的女傭，你要喝酒，自己去外面的酒館。」所以很多家庭，老公退休日，就是夫妻離婚時，這就是60歲、70歲單身族增加的原因。

70歲以後，配偶過世，又恢復單身，所以日本人口統計出，單身反而是20歲以上世代最大的一種族群。有家庭的人，反而變成幸運的少數。這種「單身變成主流」改變了行銷的概念，而且進一步改變社會對儲蓄、生活型態和人際關係的認知。

現在已經有日本企業看到一個人經濟的商機。許多企業都開始提供退休員工福利，也陸陸續續有公司成立所謂的「銀髮族事業群」。美國也有許多高齡族商機，許多在新英格蘭地區、五大湖區的居民，紛紛往「陽光帶」（Sun Belt）南移，佛羅里達州的奧蘭多市已經成為最多銀髮族退休養老地，因為溫暖、不下雪，非常適合高齡者居住。日本雖然沒有佛羅里達這樣的地方，但我和一家日本企業打算在千葉縣（東京迪士尼樂園所在，捷運方便）的稻毛鎮合夥興建「老人養生村」，預備建立一個1,500人的新社區。

享受一個人的生活要有20種嗜好

根據統計，每個人一生平均要渡過 8 萬小時的全職工作時光，大概相當40年的職場生涯，但是60歲退休後，平均再活20年，60歲到80歲，一年365天，天天都是星期天，如果扣除睡覺、休息時間，每天還有12小時的休閒時光，換句話說，剩下20年的平均餘命也相當於上班40年，那麼要如何渡過 8 萬小時的日子？我在企業突破大學開了這麼一門課：「你所需要的20種不同消遣」。根據我的研究，在20年健康時光，每個人至少需要20種不同的嗜好，日子才會充實精采。20種嗜好之中最好是10種室內娛樂，10種戶外活動，而5種可以獨樂，5種與朋友共樂，這樣就能保有平衡人生，既有個人自由，又不離群索居。

有人告訴我：「我退休後要每天打高爾夫球過癮。」我反問他：「你能整天打高爾夫不膩嗎？」結果他連打三天就膩了，為什麼？找不到球伴。又有人告訴我：「我喜歡釣魚，退休後要回故鄉整天釣魚。」後來他每天帶釣魚戰果回家，老婆最後投降說：「拜託不要再帶魚回家了。」他想把魚賣掉，但故鄉是漁村，沒有顧客，一個月後，他認清原來退休這麼無聊，沮喪不已。我所認識的高階主管，沒有一個人樂在退休生活中，因為他們年輕時都沒培養嗜好、沒事先規畫，加上退休後沒資源、沒權勢，只能嘗盡人情冷暖。這就是人生的真相，所以我主張退休前至少要培養20個嗜好，才能打發退休後「天天都是星期天」的人生。

高齡化 × 少子化 × 網路化加深宅經濟

　　至於高齡化、少子化、網路化三大趨勢會連鎖效應造成什麼樣的影響？我認為會加深「宅經濟」。也就是生活會變的愈來愈不需出門，每樣東西都可以宅配到家，房間就是一個人全部的生活空間，社交生活愈來愈少。為了避免這種問題，現在有許多年輕人喜歡5、6人一起分租公寓，共用客廳和廚房，但有自己獨自的房間，既可和室友同樂，也能享有完整的隱私權，完全不同於傳統的日本居住型態，日本有營建業者已經嗅到這股商機，開始推出這種新型態的住宅。

其實這種共享公寓也很符合日本單身女性與日俱增的趨勢。幾年前，日本有一本暢銷書《敗犬的遠吠》（《負け犬の遠吠え》酒井順子著），作者以不同於日本傳統社會的觀點指出，就是因為「敗犬」，才有許多其他族群沒有的樂趣。如果已婚，生活都是責任，例如為了養家，已婚男性能自由支配的零用錢一個月不過2萬5,000日圓左右，這些人還是大學生、未婚上班族的時代，還有5萬日圓零用錢可花，雖然不多，但總不像已婚養家男人那樣微薄。日本薪水階級現在過的就是這樣拮据的生活，所以日本企業紛紛開始瞄準最有錢的銀髮族世代，我認為至少有20個銀髮商機正在崛起，但是都與傳統家庭所需的產品截然不同。

雖然已經有日本企業注意到一個人的經濟趨

勢，但反應還是太慢，不知道家庭餐廳的業績為何一直走下坡，也不清楚超市業態的通路為何每況愈下。現在超市包裝都對一個人生活者太大、太多，如果要抓住這波洶湧而來的新顧客，一定要改成小包裝，並且用全新的行銷策略，為單身族量身打造新商品。

我衷心建議台灣的服務業，尤其是零售業，一定要好好準備應戰，因為未來會來得又快、又猛，如果沒有不斷觀察人口統計的變化，等到發現業態衰退，就太慢了，家戶人口變化絕對是值得注意的焦點。

推薦序

一個人的力量

政大科管所教授　李仁芳

家戶人口統計的變遷趨勢，是驅動經濟與產業走向無聲而巨大的影響力，「一個人生活」的社會自然就會帶來「一個人的經濟」。

以日本社會為例，年輕人「想要」一個人生活（愈來愈晚婚且獨立），中年人「愛上」一個人生活，老年人「必須」一個人生活（50歲以上的人愈來愈多離婚和死伴）。這些「單身族」不喜歡到超市或大賣場購買大包裝份量的食材，小包裝為主的便利商店逐漸成為他們的新歡，甚至是單身族的另一個大冰箱。

經濟的轉型源自生活型態的變動

2008年，日本便利超商的年度營業額首度超越了百貨公司，這就是生活力變遷驅動經濟力變遷、「一個人生活」的社會帶動「一個人經濟」的顯例。

一般想像中的「家庭」圖像，總是認為是由一對夫妻和一到兩個小孩組成的「核心家庭」，其實日本在2005年時，「一個人的家戶」數已到達1,333萬戶，與約有1,464萬戶的「夫妻和小孩組成的家戶」並駕齊驅，2010年估計更是已達1,500萬戶，超越所謂的「核心家庭」，占日本總戶數的三成以上，而如果再加上約占總家戶數兩成多的1000萬戶「兩夫妻家庭（無小孩）」，這總數超過日本家戶數五成以上的「一個人生活者」和「兩人家庭」，對多數綜合超市（含百貨公司地下樓層）所提供的四人份食材包裝就很不方便，也難怪提供單人消費份量包裝的便利超商總營業額會超過百貨公司。

「一個人生活」的社會不只出現在20到24歲年齡層。事實上，自1985年起直到現在，因為未婚、晚婚、熟齡離婚和夫妻死別的人數增加等等原因，30歲單身，40歲單身，50歲單身，甚至到了60、70歲也變成單身，各年齡層的「一個人家戶」日益增多，現在日本橫跨所有年齡層的「典型標準家戶」，其實已經是「一個人的家戶」。

台灣近年社會發展的趨勢與日本相距不遠。超市如果因為業績下降，採取降價措施，試圖以低價吸引顧客，這是一個錯誤的決策，因為問題在產品包裝份量，不在價格。事實上，「一個人家戶」與「兩人夫妻家庭」更可能為追求生活的質感，而採行value up，而非 cost down 的消費決策，那種以調降價格促銷來因應「一個人家戶」興起的新經濟變局，根本是牛頭不對馬嘴。

振興經濟可從歷史中找解答

中國歷史上的春秋戰國時代，政治上雖未統一，但學術思想上卻呈現多元繽紛的發展，是中華文化思想史上成果豐碩的黃金年代。日本的戰國時代，天下由數目號稱三百的諸侯分治，雖時有攻伐，但人才輩出，也是日本歷史上最有活力的時代。

中國的清朝末年與日本德川幕府晚期，中日兩國同時受到西洋列強勢力的窺視與覬覦。清末的多場對外敗戰屈辱與割地開港賠款條約，我們都很熟悉。日本德川幕府晚年，美國「黑船」同樣也帶給他們巨大的「船堅砲利」威脅。後來中日兩國對這項類似的外敵挑戰，卻有了迥然不同的回應。清皇朝當時中央集權的政治體制，約束了整個國家內少數眼光開闊、知識通達人士的回應選項。整個國家的方向決策與命運軌跡大體由北京紫禁城內一小撮資訊相對閉塞的權力核心人士掌控。

相對於當時的日本，江戶城內掌權的既得利益集團在開國、鎖國之際倉皇失色，進退失據。但是長州、薩摩等藩，一方面與江戶距離遙遠，一方面也風氣早開，與琉球、中國、南洋早有違背江戶當時鎖國政策的非公開貿易，累積不少財富。另一方面也積極展開不少「洋務運動」，像薩摩第十一代藩主島津齊彬這種英主，就開風氣之先，引進鋼鐵廠、自製槍砲器械，走在時代前端。直到今日，總部在京都的島津製作所都還是日本科技企業的優秀代表之一，曾出過一位非大學教授的產業界科學家暨諾貝爾化學獎得主。

在國家組織上採取中央集權的清皇朝，與相對地方分權的德州幕府，在遭遇強勢外敵激烈挑戰之際，因不同的組織治理模式天生的特性，而有了差異的回應與命運。雖然雙方組織內部各自有曾國藩、李鴻章、張之洞，以及西鄉隆盛、大久保利通等才智之士，但國家的命運仍有天壤之別。

換言之，中央/地方相對鬆散聯結（loosely coupled）的德川幕府，容許組織邊陲出現與中央主流勢力不同見解、不同做法的「創意匪類」（Creative Deviants）活動，增加了組織內部基因的歧異性，也因而提升了組織應對外部環境挑戰的選擇廣度，增加了組織適應求生的機會。大一統緊密聯結的清皇朝，對組織邊陲偶現的異質力量，常是採取打壓消滅的態度，趨同的基因表面上強化團結，但在環境產生大變異的挑戰時，往往不利組織適應求生。

讓「人民懂得享受生活」

依照大前先生的銳利眼光，當前的中國與日本也正上演類似的劇碼，不過這次勝負易位，盛衰局面反轉。

中國大陸現在有180個人口超過100萬以上的主要城市，每個城市的市長就是CEO。近年中國大陸經濟會有如此爆發性的發展，是因為前總理朱鎔基顛覆北京原有的中央集權體制，在力圖保存共產黨意識型態和掌控人事權的同時，將經濟發展完全交由這180個CEO市長與地方自治掌舵，這就是當前中國強大的主要因素，也是目前日本的治理結構贏不了中國的原因。

當然我們不能忘記鄧小平的開創性功勞，他才是真正的師傅，朱鎔基只是他的傑出徒弟，鄧小平在1992年當時全中國一片「鳥籠經濟」中，藉由南巡講話，鼓勵了當時的南方「薩摩藩」，也就是深圳，開啟了改革開放的第一槍。

如果日本的政治改革可以如大前先生建議的，

打破東京霞關政客與官僚集團的中央集權治理，在日本全國組織起總數約300個各自擁有30萬人口的基礎自治體，將財源和治理權限下放，解放全日本各地方在地的創造力與「生活熱情」。讓各基礎自治體的人民追求Life＆Sense（大前先生不久前在總統府內演講的用詞），解放日本人民二十年來因憂懼未來帶來的「壓抑慾望」症候群，重新讓「人民懂得享受生活」，吸取生活的甜度，成為充滿活力，持續保持赤子之心與好奇心的公民。經由這樣的處方，再造日本的國力與活力。

經由改造國家治理模式，引發「人民看不見之手」的力量，並領導國家總體經濟繁榮，這是大前先生對當前日本的處方，證諸前述中、日兩國百餘年來興衰起伏的歷史，他的處方不是沒有道理。

前言

一個人就能翻弄經濟的時代

這是個沒有經濟學說可以預測和解套的年代，金融海嘯後的世界很難用利率或貨幣政策推升景氣，與其透過公共事業將經濟的餅做大，倒不如想辦法讓百姓花錢或「想」花錢，讓百姓原本凍結的「消費心理」逐漸溶化，封藏的金融資產自然也就會跟著流入市場。

社會愈成熟，市場愈縮小

這十多年來，每到年底照例要預測隔年經濟時，總有不少經濟學家堅稱「明年下半年景氣將會好轉」，對此我總認為「未來景氣不會有所改善」，我之所以這麼說，是因為日本少子高齡化的情況日益嚴重，勞動人口每年減少40萬，再加上國內市場縮小和企業移往海外，經濟規模、雇用人數和稅收也都隨之銳減。即使如此，許多企業家、經濟學者、政治人物和媒體卻都還不切實際地認為，「只要降低成本，不久就能提升業績」、「只要努力拓展業務，業績就會好轉」，或是「只要以財政計畫刺激內需，景氣就會恢復」。他們深信經濟還會成長，稅收還會增加，自己還有升官加薪的機會，都還活在經濟會不斷向上攀升發展的世界。雖然大家嘴裡都喊著「少子高齡化社會」、「低成長時代」以及「貨幣緊縮經濟」，看似都有危機意識，但實際上都沒有真正了解典範早已轉移，時代已經改變。

以往經濟學界盛行「景氣循環說」，認為即使眼前景氣不佳，但總有一天會好轉。但是，如果景氣真的會循環，那麼出現像現在這樣商品長期滯銷的情況時，就可以趁原物料價格和利率下跌，增加庫存，積極投資設備，以備未來景氣好轉時大展身手。過去，我一直以經營顧問的身分，根據「景氣循環說」分析需求和價格之間的關係，指導企業採取不同的定價和庫存策略，帶領他們走向成功，至少到八〇年代為止都是如此，然而，到了九〇年代，卻再也無法以景氣循環說或經濟成長做為設備投資的立論根據了。

這些年，儘管政府不斷延長零利率政策，增加貨幣供給（民間部門保有的貨幣餘額），提升市場流通量，各大金融機構也拚命宣傳「目前利率最低」、「本行提供低利融資，歡迎增加庫存和設備投資」，但無論怎麼促銷，企業主幾乎都充耳不聞，至少日本和歐美等成熟社會，都對金融機構的甜言蜜語毫無反應。這是前所未有的現象，就連已經觀察經濟動向將近半世紀的我，都覺得奇怪，我認為這是因為日本已進入所謂的「老成社會」階段。

那麼，大家只能「坐以待斃」嗎？如果有人這麼問我，我還是會說「當然不是！」因為所謂的實體經濟包含許多經濟學無法預測的要素。

一隻手、一秒鐘就能改變世界

目前日本經濟正面臨通貨緊縮，但以總體經濟學的角度擬定的經濟政策，只能採取升、降息，或是增減貨幣供給來面對現今的問題。雖然還有一些細微的政策手法，但這一百年來的經濟政策也只是以調整上述兩種方法做為因應之道。

然而，在需求不足之下，企圖以「症狀療法」處理通貨緊縮難免過當，最後不是導致零利率，就是熱錢亂竄，頂多只能讓百姓安心一時，短暫抑制恐慌心理。如果用癌症患者來比喻，這些經濟對策雖然能讓惡化的景氣受到控制，但經濟結構依舊不穩，景氣仍會日益蕭條。

為什麼會出現這種情況呢？一切都是因為幾股大潮流。首先是「全球化經濟」的影響日漸擴大。不同於以往以凱因斯（John Maynard Keynes）經濟學為前提的封閉經濟理論，在全球化經濟的浪潮下，一國的經濟政策可能瞬間影響世界各國，引發出完全意外的效應。舉例來說，美國在柯林頓執政時期，曾企圖以升息抑制經濟過熱導致的通貨膨脹，卻因此吸引全球熱錢為追求高利率而湧入美國市場，使得美國經濟情況更加惡化。

與「全球化經濟」互為表裡的是「網路經濟」。就好像2008年雷曼兄弟倒閉，金融危機瞬間席捲全球一般，現在只要透過網路，轉眼便可提取或移轉資金。因此，就連為求高利將錢存入冰島銀行的英、德兩國的投資人，都因為雷曼兄弟倒閉紛紛擠兌存款，使冰島一夕破產。

在全球化經濟和網路經濟日益深化之際，金融危機之後的美國情況又是如何？在1995年到2005年這10年裡創造八成以上GDP成長率的嬰兒潮世代，在金融海嘯來襲時紛紛轉而控制消費，他們是戰後美國消費文化的象徵，平均每人擁有兩到三棟豪宅、三輛汽車，不僅在南方擁有養老別墅，而且非名牌不用，而支撐他們旺盛消費慾望的就是確定提撥制的年金「401k計畫」和股票資產。但雷曼兄弟破產，大大影響他們的退休金，只好選擇繼續工作、延後退休，這也連帶導致美國失業率不斷攀升。

此外，因為年金不足而開始儲蓄的人口也在金融海嘯後大為增加，美國的儲蓄率遂從1%暴增到5%，這等於是有高達40兆日圓（14兆6,000多億台幣）的資金從市場消失，轉入存款帳戶，也就是說因為雷曼兄弟倒閉產生危機意識的人，紛紛控制消費，開始賣房、賣車，將閒錢存入銀行。

傳統的總體經濟學並無法解釋這樣的經濟行為，因為這是個體經濟、個人心理，也就是「人民看不見的手」造成的結果。現在在先進國家就是個體經濟控制總體經濟，如果不了解這樣的「心理經濟學」，就沒辦法掌握今後的經濟脈動。

消費心理才是景氣關鍵

「全球經濟已經走出景氣下行週期」、「美國景氣將從2010年開始回溫」、「即使就業機會沒增加，美國經濟也可望復甦」。金融危機之後，美國聯邦準備理事會主席柏南克（Ben Bernanke）數度發表樂觀看法，但他卻也是在雷曼兄弟倒閉前表示「美國經濟走穩，沒有任何問題」的人，更是因決策錯誤而誤導美國經濟的「三劍客」之一（請參見拙著《美國，再見？》）。

柏南克一直被視為專門研究通貨緊縮的總體經濟學家，由於目前先進國家的經濟偏向通貨緊縮，大家就認為依靠柏南克這樣的專家再可靠也不過。但如同前面提到的，奉經濟指標為圭臬的總體經濟學家，絕對無法解決眼前的經濟問題，在我看來，企圖仰賴柏南克解決經濟問題本身就是一種錯誤，因為從個體經濟的角度來看，眼前低迷的消費和不穩定的就業狀況，並非三兩下就可以解決。

製造出 1 兆 5,560 億美元（約台幣 46 兆 4,778 億）史上最大財政赤字的歐巴馬政府，不僅無視於上述世代心理差異和經濟行為的改變，也企圖以「歐式經濟學」如法炮製1930年代羅斯福總統以公共事業做為主要經濟對策。這不禁讓人想起日本在泡沫經濟破滅後，不斷丟出「緊急經濟對策」。高達300兆日圓（約108兆1,170億台幣）的景氣對策經費，被用在並不「緊急」的公共事業，景氣當然完全不見好轉。上班族不僅沒有加薪，公司破產和失業的事實，使大家開始縮衣節食，導致消費情況惡化，物價下跌，這是因為「人民那隻看不見的手」一同使力，在沖繩或北海道進行造橋或鋪路的公共工程，怎麼可能會對景氣產生影響，而美國竟然正在重蹈覆轍。

數字不一定會說話

英國經濟學家亞當史密斯（Adam Smith）在《國富論》中，將自由主義經濟的市場功能稱為「看不見的手」，此後每隔數十年就會出現一個劃時代的經濟學理論。這些學說不僅描繪了當時實際的經濟情況，甚至還預測了未來，尤其是凱因斯的經濟理論，不僅企圖藉由升、降息和貨幣供給扭轉景氣，也成為二十世紀所有經濟政策的基礎。在凱因斯經濟學當道的年代，不論企業，還是個人，都是根據利率和經濟指標增減設備或投資，依照景氣循環理論來應變。

在二十世紀後半，許多經濟學者都認為，無法以數學模式說明的就不是學問，以數字說明現象的計量經濟學才是主流。事實上，的確有不少諾貝爾經濟學獎得主提出算式模型，但這樣的經濟學是否真的預測得了未來，或許是我孤陋寡聞，我不知道有任何一位經濟學家曾經準確預測了2008年秋天的全球金融危機，也沒聽說過有經濟學家發表如何從雷曼風暴中振作的高論。

總體經濟學家為何無法預測未來呢？答案很簡單，那是因為這類的經濟學只是特定條件下的封閉理論，而實際的經濟現象都與他們的經濟理論或算式模型無關，現在是一個人也能改變一國經濟的時代。

例如，1992年英鎊危機時，投資家索羅斯（George Soros）放空巨額英鎊打垮英格蘭銀行（Bank of England），面對如此棘手的問題，所有經濟學家的理論都只是紙上談兵。此外，1997年的亞洲貨幣危機，主要是因為部分對沖基金大量拋售泰銖所致，這同樣也與高尚理論無關。這種少數個人或基金在總體經濟學以外的領域採取行動，企圖影響所有人，顛覆一國經濟，牽動全球金融，已經是現在「經濟叢林」的新規則。

這種「個人力量」之所以增強，原因有二。其一是，因為推行政策的人即使認為政策失當或不合理也不敢表態，因為一旦表態就必須提出有效對策，否則就會成為眾矢之的。不能承受排山倒海批評的人，當然也無法改變現狀。例如，葛林斯班（Alan Greenspan）在擔任美國聯準會主席期間，曾以「毫無根據的狂熱」企圖壓抑過熱的泡沫經濟，但在遭到市場和媒體全面圍攻後，也只能閉嘴收場。

其次是因為大家都不喜歡聽到「壞消息」，使得即使有人提出資料，大聲疾呼情況嚴重，必須緊縮財政，沉浸在太平氣氛的人大多聽而不聞，只想連任的政治人物不是假裝沒聽見，就是像亂槍打鳥般提出一連串選票政策。也因為如此，冷眼旁觀的套利業者只要開始「放空」，市場就會陷入恐慌，讓危機在極

圖1　在通貨緊縮不景氣的情況下，不斷採取「緊急經濟對策」的成效為何？

全日本消費者物價指數的變化（生鮮食品除外，%）

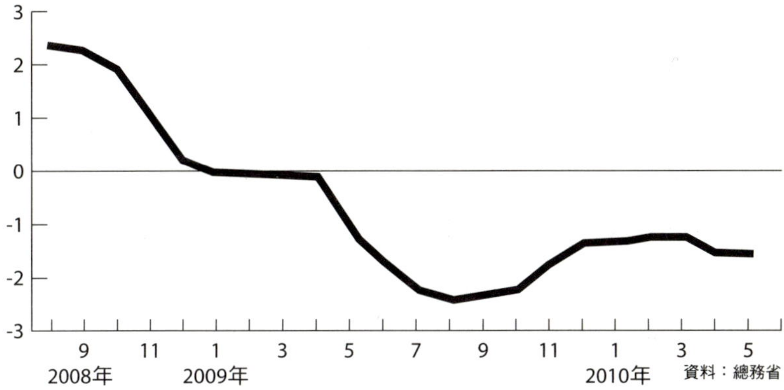

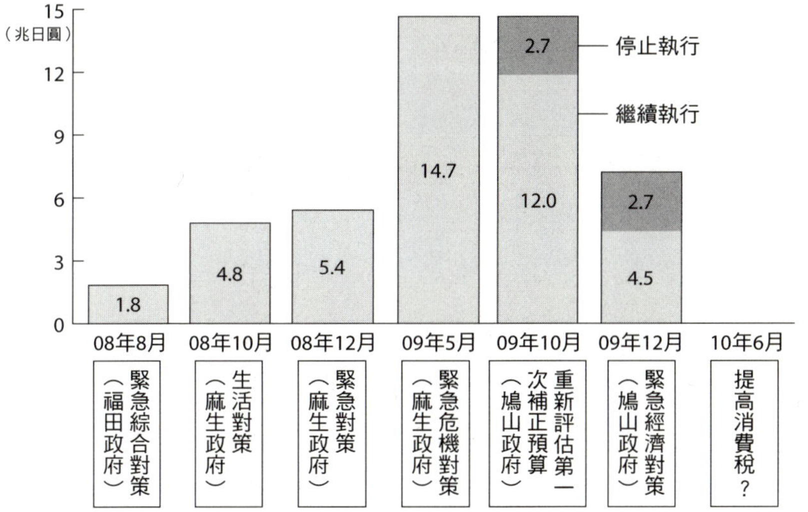

不同執政者採取的經濟對策和政府經費支出總額　　BBT綜合研究所

短的時間內迅速擴散開來。

之所以只要幾個人就可以翻弄市場，是因為「槓桿倍數」這個新經濟工具的出現。當對沖基金在歐元被拋售時，以自有資金30倍的槓桿倍數放空，再大的經濟體遭到這樣的攻擊，都會瞬間豬羊變色。這是因為一旦有人用所謂的「飛天工具」槓桿倍數，就算中央銀行企圖支撐，也不會有太大的效果，我想大家應該了解目前不只總體經濟政策無效，就連政府也同樣無能為力。

機會要用魄力來換

事實上，國際上也有不少以一己之力，影響周遭齊力改變大環境的例子。例如，讓俄羅斯從谷底翻身的總理普亭（Vladimir Putin），以及在一夕之間改變美國的總統歐巴馬就是最典型的例子。

我認為最值得我們學習的成功範例，就是人稱「鐵娘子」的前英國首相柴契爾夫人（Margaret Thatcher）所採行的「實踐性經濟學」。在柴契爾夫人上台前，英國（類似現在的日本）是個前途黯淡的「灰色之國」，許多年輕且優秀的人才，都因為看清國家前途無光，紛紛前往美國或其他國家尋找新天地，導致英國人才大量流失。看到這種情況，柴契爾夫人提出了「小政府主義」，陸續將電信、瓦斯、航空和自來水等國營事業民營化，在新自由主義的基礎下鼓勵創業，並積極引進外國資金。

尤其是1986年，柴契爾夫人開始積極推動「金融大改革」，大幅放寬管制，但卻導致英國老銀行摩根建富（Morgan Grenfell）遭到德國銀行併購，有人因此悲觀地認為：「難道就連象徵英國的老銀行都向外資投降了嗎？」

但柴契爾夫人絲毫不畏輿論，立即加以反擊，表示她雖然開放外資進入，但外資並不能奪取英國的土地，這就好像即使英國選手無法在溫布頓網球賽大放異彩，讓外國選手奪冠，但這不僅絲毫不減溫布頓的價值，反而還提高了溫布頓的國際水準。同樣的，引進外資可以提升英國金融機構的競爭力，事實上，摩根建富被收購後，許多年輕優秀人才都爭相加入，因為有德意志銀行這個世界首屈一指的優質銀行做後盾，摩根建富也跟著大受歡迎，而且倫敦後來更因此成為世界金融中心，這一切都彷彿昨日。

柴契爾夫人甚至還發表了「盡速關閉虧損連連的礦坑」、「政府沒空應付鋼鐵公司的罷工」、「自由會搞垮公司」等言論，不過，也因為這些強硬措施，英國企業紛紛進行「塑身」，發展出不同以往的全新策略，使烏雲密布的英國天空頓時晴空萬里，這就是柴契爾式的典範轉移術，也是一位有為領導者用策略讓人民產生「變革意願」、終至改善大環境的最好例子。不過，其中當然也有過當之處，導致日後英國房產泡沫，英鎊升值，讓下任首相布朗（Gordon Brown）必須償還全然不同的「經濟債」，當然這並不是十五年前柴契爾夫人一個人的責任。但不管怎麼說，日本現在迫切需要一位像柴契爾夫人這樣有魄力、有願景、有執行力的政治家，才能讓百年僅見的低迷景氣為之一振。

汰弱創造更大生存空間

柴契爾夫人之所以成功，關鍵在於她不接受「但是」、「然而」或「另一方面」這些半吊子的條件或藉口，因為只要她說：「毫無競爭力的企業就任其倒閉」，一定就會有人說：「別這樣！請救救我們！」「我們公司不一樣！應該要有例外！」或是「你要眼睜睜看著失業人口增加嗎？」柴契爾夫人對此全都置若罔聞，認為：「沒有人收購代表公司缺乏吸引力」、「搖搖欲墜就表示經營困難。」

有趣的是，如果外國經營者以不合理的方式管理英國企業，往往都會失敗收場，讓英國人再度重掌企業經營權，東山再起。

不救弱者，其實就是給企業「倒閉的自由」。如此，不僅強者能殺出血路，有時營運不佳的企業也能被資金雄厚的資本家收購，何況獲得資金的也很可能是英國的投資家。柴契爾夫人用如此簡單明瞭的資本主義政策大幅提高了倫敦市場的自由度，使在倫敦上市的歐洲企業快速增加。

雖然歷史沒有「如果」，但英國要是沒有柴契爾夫人，只是一味發展傳統的企業和經濟型態，現在應該已經淪落為比三流國家還不如的弱國吧！

現在的日本非常像當時的英國。一個世紀前的英國，自從被美國奪走世界霸權後，便一路苦苦追趕。1900年，美國的GDP首度超越大英帝國，悔恨交加的英國人既忌妒又痛恨，聲稱「一定要找機會打敗這個野蠻國家」，但一百年後的今天，美國的GDP已是英國的10倍。

目前對岸的中國，無論是GDP或外匯存款都已經超越日本，就如同美國大幅領先大英帝國，今後可能不用一百年，中國便在極短的時間內拉開與日本之間的差距。逐漸凋零的英國因為有柴契爾夫人這樣的政治家，才能反守為攻，現在的日本也需要能提振百姓士氣的有力政策和強勢企業。

根據最近政府公布的數據，二十年後的今天，也就是2030年，中國的GDP將是日本的四倍，我認為大家應該大力譴責認為事不關己的政府，並要相關單位提出大幅振興經濟的措施。

拚經濟前，先掌握心理

高調上任的日本民主黨政權，在只有37.4兆日圓的稅收下，卻發行超過44.3兆日圓的新國債，使得2010年預算的一般會計總額高達92.3兆日圓。這個「巨大政府主義」的政黨，如今又準備提高消費稅，在面對稅收無法增加，又必須維持巨大政府的情況下，他們當然會認為除了加稅別無他法。不過，我認為這些人根本沒有搞清楚這麼做的前提是什麼。

如同前面提到的，日本在泡沫經濟崩解後提出的「緊急景氣對策」，效果與其投入的稅金根本不成正比，再加上少子化人口不斷減少，稅收自然也跟著減少，在這種情況下，政府應該要思考的是如何「不花一毛錢」活化經濟，與其藉由升降息、調整貨幣供給，或是透過公共事業將經濟的餅做大，倒不如想辦法讓百姓花錢或「想」花錢，會更有經濟效果，而能夠有效解決當前經濟問題的關鍵，就是我向來主張的「心理經濟學」。

現在不只是日本，許多先進國家的人民都擁有

圖2　民主黨政府「加稅」是無法避免的事
一般會計中歲入和歲出的變化

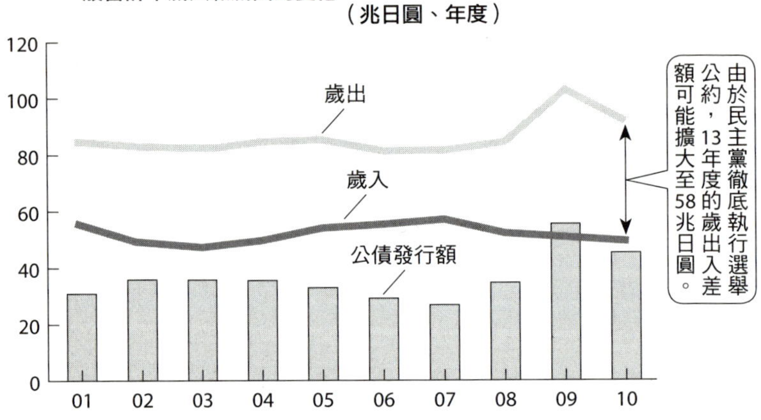

注：2008年之前為實際金額，2009年度為執行第二次補正預算後的金額，2010年度為基礎預算。
資料：財務省©BBT綜合研究所

可觀的資產，即使在雷曼金融風暴後大家資產縮水不少，但還是不改多數民眾有錢的事實，而且只要消費心理鬆解，民眾勢必會開始購買想要的東西。接下來的幾章將進一步介紹現今民眾的消費心理，不過日本政府目前進行各種毫無意義的管制，或是不時公布不樂觀的經濟預測，在在都影響了消費者的購買慾。

最有效的經濟政策不是調整利率和貨幣供給，而是讓民間多餘的資金，也就是1,400兆日圓的國內個人金融資產，以及全球高所得者的8,000兆日圓資產（預計其中約有4,000兆日圓進行跨國投資）在國內流通，創造出讓如此巨額的資金引進日本的「無中生有機制」。也就是說，今後的經濟政策將不是過去總體經濟學家能夠以算式模型說明的經濟型態，不僅要一面廢除由官僚主導的眾多管制，一面整頓環境，讓消費者能夠盡情享受生活，還要為人民描繪出享受美好生活的人生願景，讓百姓原本凍結的「消費心理」逐漸溶化，封藏的金融資產自然也就會跟著流入市場。

相信有不少經濟學家在聽到我的論調，臉上都會露出「這可以用算式模型呈現嗎」的疑問，我認為這個問題很蠢，因為既然是「心理」，當然無法還原成算式。現在無論是個人或家庭，都擁有某種程度以上的資金，這正是振興經濟的關鍵所在。至於這些個人資產是要存入郵局、銀行，或用於消費，則是以往經濟學無法解釋的問題了。

不愛花錢的草食系世代來了

亞當史密斯之後的經濟學家，都是根據各類經濟指標分析他所謂「看不見之手」的市場實況，也就是一般所說的總體經濟學，不論是凱因斯經濟學，還是前美國總統雷根（Ronald Reagan）採用的供給面經濟學，都不出這個範疇。許多政府和官員都一直企圖利用計畫經濟，也就是「政府的看得見之手」來管制市場，最典型的例子就是二十世紀徹底失敗的社會主義經濟。

如今在先進國家，尤其是因為儲蓄過剩導致金融資產過多的國家，「政府的看得見之手」愈來愈無法發揮作用，即使有作用，也僅限於極小部分，就好像重度吸毒者無法被微量毒品所滿足，需要足以摧毀健康的大量毒品。最典型的例子就是創下史上最大赤字的歐巴馬經濟政策，以及發行破天荒赤字國債的日本民主黨政權。

既然「政府的看得見之手」已經失效，那麼要如何才能讓「人民」展開「自富」行動呢？

幾年前，我曾稱2、30歲的年輕人為「喪失物慾、不想出人頭地的世代」，預告他們的消費行為將引領未來潮流，這些又被稱為「草食系」的世代，一方面極力減少不必要的消費，一方面將生活用度壓至最低，這些低慾的年輕世代不僅使商品滯銷的狀況更加嚴重，還加速了通貨緊縮螺旋時代的來臨。

但即使是商品滯銷的時代，還是有許多成功提振消費者購買慾的例子，更何況日本還有許多財源可以用來活化經濟，在此我特別借用亞當史密斯的說法，將它稱為「人民的看不見之手」。

經濟學其實是一種心理學

以往經濟學不重視人民的「心理」，但略過心理因素就無法討論二十一世紀的經濟變化，尤其是先進國家的經濟。我寫這本書的用意也是希望藉由探討民眾消費心理的變化，找出這個時代的新商機。

日本民主黨因為獲得都會區上班族的支持而勝選，但在獲得政權後卻搖身一變成為「巨大的政府主義者」，為了選票採取亂槍打鳥的政策。此外，許多企業也在沒有仔細分析和研究民眾的消費心理、生活型態和購買行為之下，忙著殺價競爭，瓦解整個業界的基礎。無論是政治人物或企業經營者，都不想、也沒有仔細觀察消費者的心理變化。

在亞當史密斯提出「神的看不見之手」這個好用的形容詞後，大家便用它來說明市場和經濟的變化，不過世界上當然沒有「神」，有的只是無數決策的「人民」。

接下來我想用德國的例子來說明這個情形。某家日本企業想在德國興建新廠，但由於北部漢堡一帶工業化快速，勞力供給吃緊，平均薪資也逐漸提高，這家企業只好前往其他地區尋找更適合的地點，之後發現南部的巴伐利亞州頗為適合，於是便在當地興建工廠。此時，其他國家的企業也紛紛前來設廠，此舉雖然導致當地薪資上揚，但由於勞動人口進駐帶動了消費需求，也因此提高了當地的營業額。這些經濟活動不是出於「神的手」，而是人民一連串的決策，也就是每家企業或每個人在檢討得失後做出的策略結論，才會看起來就像是有神明指引般地平衡。

也就是說，所謂「神的看不見之手」既是許多業務外包後的結果（將業務委託給外部不特定多數的「群眾」），也是累積許多個人決策而成的「合理判斷」（與此相反的是企圖使用稅金振興產業，或是利用公共工程提高表面經濟成長率的「政府的看得見之手」）。

但無論是多「合理的判斷」，人民都並未被賜予「神」的觀點，這些絕對無法只靠算式模型說明，最後一定會牽涉到民眾的感受問題，所以沒有永遠正確的判斷，也沒有百分之百準確的預測，只能靠不斷收集資料，讓直覺更加敏銳，透過分析看清民眾行為如何影響經濟。

本書其實是《形塑生活者大國：大前流心理經濟學》的應用篇，主要是以我的觀察分析目前驅動經濟發展的民眾心理，以及今後世界的趨勢和變化。本書如能提供個人或企業任何存活更好的線索，實屬萬幸。

注釋

亞當史密斯的「看不見之手」

這個理論認為個人如果在市場經濟中追求自己的利益，最後得到的將會是整個社會的利益。亞當史密斯認為追求個人的利益，乍看之下對社會沒有任何利益，但價格機制將會進行最佳的資源分配，也就是神的「看不見之手」會自然調節供需之間的平衡。

第一章｜認識現狀

成熟社會的消費心理

衣食不缺的富裕社會逐漸出現兩極化的消費方式，與其說民眾因為「所得差距」擴大，產生社會落差或階級區隔，不如說是每個人開始視情況交叉使用高級和低價商品，進入了沒有「中間地帶」的兩極消費時代。

有創意才能站上世界

每年為了工作和演講，我都會前往中國、韓國和台灣好幾次，每次返回日本時，心情總會莫名低落，因為有別於這三個雄心萬丈的國家，在日本我總是聽到「縮小規模」的喪氣話。

現在就連企業家也很少有人懷抱偉大的夢想或鴻圖大志。

二、三十年前，日本有許多企圖心旺盛的企業家，用獨樹一格的方式打入全球市場，例如松下幸之助（松下電器，也就是現在的 Panasonic 創辦人）、本田宗一郎（本田技研工業創辦人）和川上源一（YAMAHA創辦人）等人，現在卻看不到這樣的人了。不久前京瓷（Kyocera）的名譽會長稻盛和夫和日本電產社長永守重信，還意氣風發地拓展全球的事業版圖，最近卻低調許多，就連對全球化最積極的鈴木汽車社長鈴木修，在接受福斯的資金後，說話也不再雄心勃勃，變得保守許多。

就連一些主要經濟團體的名單，也讓人看了對日本經濟前景憂心不已。

2010年5月才卸下日本經團連會長職務的御手洗富士夫，和擔任經濟同友會代表幹事的理光（Ricoh）會長櫻井正光，雖然都創下傲人的經營成績，卻沒有足夠的分量代表日本產業界對政府提出經濟或外交建言。現任日本經團連會長米倉弘昌（住友化學會長）雖然在國際間具有高知名度，人脈也極廣，但也僅限於沙烏地阿拉伯等少數國家，而且住友化學雖是優良企業，但化學業是日本相對弱勢的產業，光是會長的人事問題，就點出了日本經營人才的不足。

而且，年輕世代中也完全找不到前途看好的企業接班人。除了二十年前就極具企圖心的SoftBank社長孫正義依舊野心勃勃外，迅銷集團（Fast Retailing）的會長兼社長柳井正雖有不錯的成績，但已年過六十；樂天的會長兼社長三木谷浩史雖然因為網路事業受到矚目，但相關領域已有Google、Facebook、Twitter等獨創性的企業，如果不更具創意，還是無法成為足以「代表日本的企業家」。

年輕人出頭天

就連美國《哈佛商業評論》(2010年2月號)發表的「在任期間表現最佳且具執行力的CEO TOP100」,也讓人覺得日本企業的經營者真的變「小咖」了。

這個排行榜是以1,999位在1995年至2007年間就任且任職超過四年的各國企業CEO為對象,並且根據股東分紅和股票總市值,評估在任期間業績,可說是「企業家的成績單」。如圖3所示,在全球前10大和亞洲企業家排名中(前50名以內),日本只有小松製作所的會長坂根正弘(第17名)、NTT Data 的前社長神林留雄(第28名)、佳能的會長御手洗富士夫(第38名)和丸紅的會長勝俣宣夫(第84名)等4人上榜。而且,我想不少人對這些名字感到陌生吧!

從前10大的名單中可以清楚看出,優秀企業家輩出的還是美國。此外,二十年前,許多美國優秀的經營者都來自像奇異(GE)或IBM等傳統大企業,例如奇異前執行長傑克·威爾許(Jack Welch)

圖3　美國《哈佛商業評論》前10大「在任期間表現最佳且具執行力的CEO」

1	賈伯斯（Steve Jobs）（美國．蘋果電腦）
2	尹鍾龍（韓國．三星電子）
3	阿列克謝．米勒（Alexey B Miller）（俄羅斯．國家天然氣公司）
4	約翰．錢伯斯（John T Chambers）（美國．思科系統）
5	穆凱什．阿姆巴尼（Mukesh Ambani）（印度．信誠工業）
6	約翰．馬丁（John C. Martin）（美國．吉利德科學）
7	傑夫．貝佐斯（Jeffrey P. Bezos）（美國．亞馬遜）
8	瑪格麗特．惠特曼（Margaret C. Whitman）（美國．ebay）
9	埃里克．施密特（Eric Schmidt）（美國．Google）。
10	休．格蘭特（Hugh Grant）（美國．孟山都）

以下為摘錄入選前50名的亞洲企業家

17	坂根正弘（日本．小松製作所）
28	神林留雄（日本．NTT Data）
29	鄭夢九（韓國．現代汽車）
38	御手洗富士夫（日本．佳能）
41	王建宙（中國．中國移動〈China Mobile〉）
42	傅成玉（中國．中國海洋石油〈CNOOC〉）

和IBM前總裁葛斯納（Louis V. Gerstner），但現在除了賈伯斯（Steven Paul Jobs）、錢伯斯（John Chambers）和惠特曼（Meg Whitman）之外，Google的共同創辦人布林（Sergey Birin）和Facebook的創辦人查克伯格（Mark Zuckerberg），全都是出身矽谷或IT產業的創業家，而且布林和查克伯格都是年僅2、30歲的年輕人，這和產業與經營者從不「改朝換代」的日本，有如天壤之別。

370個航班載運大商機

就算比不過競爭最激烈的美國企業家，日本的經營能力現在也開始落後台灣、韓國和中國等亞洲國家。

事實上，亞洲這三國的企業家全都野心勃勃，積極征戰全球市場，其中台灣的、也是全球最大的電子儀器代工廠鴻海精密（富士康）以及生產個人電腦的宏碁和華碩、行動電話製造商宏達電、食品業龍頭統一和頂新集團，都堪稱是世界頂尖的一流企業。

以全球最大的電子代工廠鴻海為例，他們在中國雇用了約60萬名的勞工，生產蘋果的iPad和iPhone、任天堂的Wii和DS、Sony的PSP和PS3、微軟的Xbox360、摩托羅拉和諾基亞（NOKIA）的行動電話，以及戴爾（Dell）和惠普（HP）的個人電腦，目前擁有無人能敵的先進技術，除OEM（代工）成績傲人外，ODM事業（負責客戶的產品設計與製造）也前景一片大好。

個人電腦製造商宏碁雖曾於1980年代數度面臨經營危機，但在極短的時間內便重新振作，併購了美國的捷威電腦（Gateway）。2009年第3季（7到9月）全球個人電腦出貨量還首次超越戴爾，成為僅次於惠普的第二大個人電腦製造商。不僅如此，2010年更積極提出事業計畫，展現超越惠普、稱霸全球的企圖心。

被夾在日本和中國之間的台灣經營者，正因為只能靠自己的力量，所以每個人都拚命學習經營之道和英日語等外語。加上這幾年同樣使用中文的中國，已從全球的生產基地搖身一變成為巨大市場，目前台灣人對中國的敵意已經逐漸消解，如果說中國是台灣企業的最佳「平台」也不為過。面對積極布局的台灣，韓國深感危機，媒體曾連續數日以「Chiwan 威脅」的斗大標題報導中台交好帶來的衝擊，但日本幾乎沒有這類報導。

再加上馬英九政府主張與中國簽訂相當於自由貿易協定（FTA）的「經濟合作架構協定（ECFA）」，而且也已與中國進行三通（包括通訊、通航、通商在內的直接交流），目前每週有多達370班的直航班機來往兩地，中台經濟快速融合勢必大大增強台灣企業的競爭力。

膽識與格局的競賽

韓國除了有榮登最佳CEO排行榜第2名的三星電子執行長李中龍之外，現代汽車董事長鄭夢九也名列第29名，他的強勢領導風格頗受好評，《財星》（*Fortune*）（2010年1月18日號）甚至將他領導的現代汽車評為「世界最強汽車公司」。LG電子的前執行長南鏞雖未登上此次的排行榜，但也是出類拔萃的企業家。

在來勢洶洶的韓國企業中，三星電子在半導體、液晶螢幕、薄型電視和行動電話等四個主力部門都維持高獲利的好成績，2009年的合併營收更創下8,700億日圓的佳績，為前年的1.9倍。在成立40週年的今年，三星也發表了「Vision 2020」的長期願景。

這個願景包括2020年的全年營收達到4,000億美元（約36兆3,000萬日圓）、品牌價值躍升世界第五、成為前十大「最受尊敬、最環保企業」，稱霸IT界。三星2009年的年營業額約為10兆2,200億日圓，這個願景其實是希望十年內締造營收成長四倍的佳績。

此外，LG也打出「以生活家電稱霸全球」的大目標，雖然目前仍落後中國的海爾集團，但距世界第一已為期不遠，指日可待。以生活家電稱霸全球原是以高品質著稱的日本企業的夢想，但日本到現在都還沒實現，現在LG卻以此為目標。目前日本的家電大廠沒有一家有如此遠大的目標，幾乎都是以縮小規模、降低成本為當務之急。

圖4　三星電子大躍進的軌跡：營業額・總資產・員工人數的變化

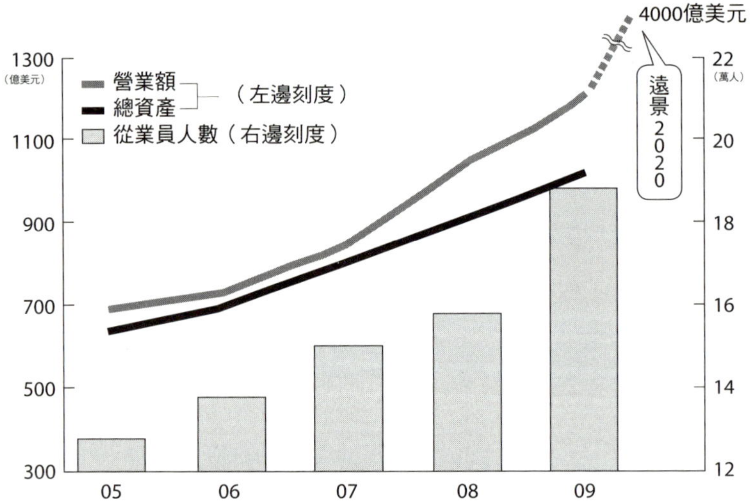

三星電子與日本8家電機公司營業損益的比較

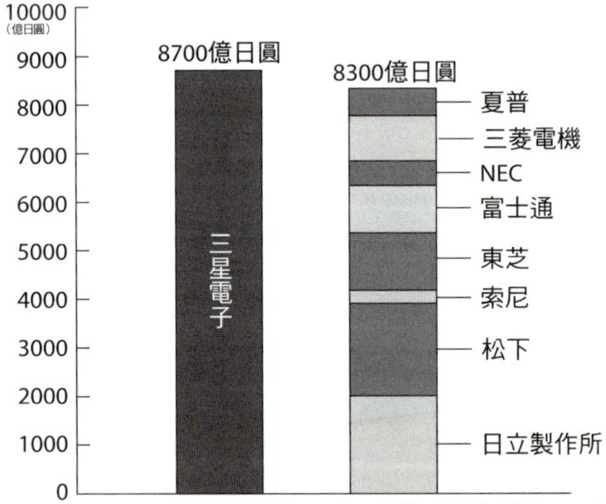

注：三星電子乃2009年12月期，而日本企業為2010年3月期
出處：日本三星網頁、Yahoo! Finance

一直企圖趕上日本的韓國，如今已不可同日而語。由於韓國在1997年IMF（國際貨幣基金）的危機中備受屈辱，為了不重蹈覆轍，1998年上台的金大中政府，不僅大力推動IT產業，也積極廣招各國人才，嚴格篩選精英，摒除庸才。大學和企業更是以培養世界通用人才為目標，一方面排除與韓國未來無關的人力，淘汰缺乏上進心和專長的中老年人，一方面精實年輕人力，讓企業迅速茁壯，令人刮目相看。

韓國在人才國際化上，尤其重視英語。一流大學的入學考試現在都是以TOEIC 800分（滿分990分）做為錄取標準，要進入三星電子等一流企業則要具備900分的實力，晉升經理更是要達到920分，但在日本，即使是「世界的SONY」，也只需要650分。這十年日韓之間產生了極大的差距，為了不想再得到IMF關愛眼神的危機意識反而讓韓國因禍得福。

老大換人做

中國名列全球最佳CEO排行榜的有第41名

的中國移動總裁王建宙和第42名的中國海洋石油（CNOOC）董事長傅成玉。

由於中國內需市場龐大且具獨占性，中國企業的總市值當然能迅速大幅膨脹，但像王建宙這樣兼備英語和專業的優秀經營者（類似以前的盛田昭夫）已經逐漸在國際會議中嶄露頭角，旗下企業成長之快，只能用驚人來形容。

我的友人、也是中國最大軟體公司「東軟集團」（NEUSOFT GROUP）的總裁劉積仁，在2009年開挖大連的小山，興建廣大的第二園區（軟體工廠），半山腰上也像好萊塢一樣，掛著「NEUSOFT」的巨幅標誌，園區內的建築物不像日本企業那樣窮酸，而是用大理石打造而成的「白色殿堂」。

同樣是面積廣大的第一園區，也設有IT專業大學「大連東軟情報技術學院」，並於2001年正式招生。目前學生人數有24,000人，校園內還有供22,000人居住的宿舍，在興建如此廣大的校舍時，學校還空無一人。

由於學生可在鄰近工廠接受軟體的設計和製造

訓練，因此一畢業就擁有實戰能力，完全不需要擔心就業問題，是效率極高的「產學合作」專案。而且不只是在東北，東軟集團在成都和南海也都建有同樣的園區。

劉仁積在1991年創立東軟集團，短短十八年內，不僅員工人數增加到16,000人，發展成總市值高達3,000億日圓的大企業，而且還積極併購外國企業。當時許多外國企業都紛紛表達合作意願，集團規模目前仍在持續擴大當中。

深圳的通訊設備製造商華為技術也在逐漸擴大規模。十年前我拜訪華為時，便對他們的格局以及不同於其他中國企業感到驚訝，當時就預料華為一定能成為中國第一家登上世界品牌的公司，果不其然，華為現在已成為和思科（Cisco）二分天下的路由器製造商。

不久前我在參加CCTV（中國中央電視台）的節目時，巧遇新希望集團總裁劉永好先生，他原是農民出身，1982年只用1,000塊人民幣就在四川省成都創業，但現在事業觸角已經遍及農業各領域，員工人數多達 6 萬人，劉永好也因此登上美國《富比士》（*Forbes*）富豪排行榜。利用併購拓展海內外版圖的他，已不帶農民或共產主義氣息，而是道道地地的國際級企業家，他曾公開表示最佩服豐田汽車，並徹底學習豐田精神。

中國像東軟集團、華為技術或新希望集團般快速成長的企業正在各地風起雲湧，並以全球化為目標，展開激烈的競爭。

相較於台灣、韓國和中國，近年來日本大企業的經營者全都傾向縮減規模，不僅沒有打入全球市場的雄心，還一味降低成本，試圖垂直整合研究開發、設計製造、業務行銷和銷售各部門，面對連年下滑的業績，也只是以削減各單位預算來維持事業體正常運作，然而，這種做法就好像用刨刀將木板刨成薄板，只會讓每個部門更加欲振乏力，而且從實際成效來看，削減成本幾乎不具任何實質意義。

兩個世界，兩種需要

事實上，企業和經營者之所以企圖縮小規模，和日本消費者的「成熟度」關係密切。

如同我在前面提到的，經濟成長、稅收增加、需求擴大、升官加薪理所當然的時代早已經結束了，日本已經徹底進入「成熟國家」，即使如此，仍有不少日本企業至今仍採取以經濟成長為前提的「開發中國家模式」來計畫事業發展擬定經營策略，業績才會一直不見好轉。

開發中國家和已開發國家的成功模式根本完全不同，開發中國家需要的是基本生活物資，而已開發國家的商業原則是發掘並提供人們內心渴望的商品。但是，成熟的日本社會是個非常特殊的市場，並不適用這些情況，現在的日本人什麼都不想要，出現了「有錢也不花」的消費心態。

日本消費者的心態逐漸結凍，生活日益節儉，現在流行的全是低價品，王將餃子、麥當勞、優衣庫（UNIQLO）、思夢樂（SHIMAMURA）、宜得

圖5　一旦消費者心理裹足不前，就會減少購買耐久消費財

延長汽車使用期限，不易刺激換購慾望

自用車（新車）使用期限的變化

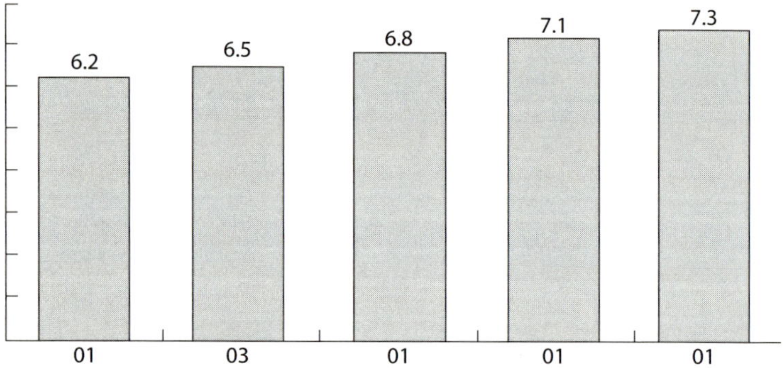

與以往相比，延後換購時間的理由（可複選）【新車】

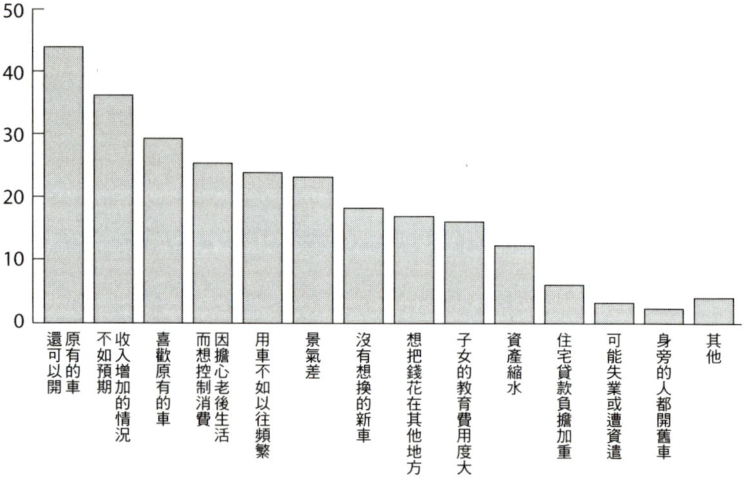

資料來源：日本汽車工業會「2009年度自用車市場動向調查」

利（NITORI）和ABC Mart這些平價品牌反而一枝獨秀。

深受人民節儉心態影響，日本的消費市場一天比一天低迷，影響最嚴重的就是汽車和家電等耐久性消費財。正如字面所示，耐久性消費財具有耐久特質，這類用品在先進國家的普及率大約都已達到百分之分，市場規模幾乎不會變化，所以汽車替換的年限也從3年、5年、7年，延至9年，而且我想應該有愈來愈多的人都希望拖到下一次驗車再換車吧！

如果所有車主都希望多驗一次車再換新車的話，新車的銷售量就會比前年減少40%。理論上如果所有人都不買，當年的新車就有可能一台都賣不出去，也就是說，如果消費者的慾望凍結，該年耐久性消費財的需求就很可能是零。

有汽車大家的生活才能行動自如，電視、生活家電和家具等其他耐久性消費財也是同樣的道理，一旦多數消費者開始有同樣的想法，採取類似行動，耐久性消費財的銷售很容易就比前年減少20%到30%。

許多企業雖然都努力開發占1,400兆日圓個人金融資產大半的高齡市場，但即使詢問這些老年人想要什麼，他們還是會說：「沒有什麼特別想要的」。因為這些老年人都經歷了戰後窮困的生活，很容易抱著平安度日的淡泊想法，認為把還能用的東西丟棄，再買新的是一種浪費，才會上了年紀後還是延續年輕時的生活習慣，繼續努力存錢。而且，以前想要的東西（家電用品、房屋和汽車等等）幾乎都有了，所以無論價格再怎麼便宜，都很難勾起他們的購買慾。這樣的心態使得整個經濟大餅也跟著縮水，讓企業和消費者在通貨緊縮的環境下愈來愈保守。面對這樣的狀況，「心理經濟學」能提出什麼解決之道呢？

讓消費變成一種運動

接下來我想先就幾個先進國家的景氣對策來討論成熟社會的消費困局。

2008年的雷曼事件和後續引發的全球金融危機，以及各國針對長期不景氣採取的對策，其實是思考成熟社會實踐心理經濟學的最好教材。

例如，在景氣低迷前，率先採用我所說的「心理經濟學」刺激消費者購買慾的是德國總理梅克爾（Angela Merkel）。2009年1月，由梅克爾領導的德國政府比各國都早一步開始推動「購車津貼」政策，讓凡是持有9年以上車齡、打算換購新車的車主，均可獲得2,500歐元（以當時的匯率計算約13萬日圓）的補助金，這個制度一直實施到該年9月，總共創造了兩百萬台的新車需求，看到這樣的績效，美日等國紛紛群起效尤，相信大家對此事都還記憶猶新。

正如前面提到的，像汽車這類耐久性消費財除了具有耐久特質之外，還可以拖個一到兩次的驗車數，延長使用年限，雖然容易故障，但只要能動，相信還是會有不少人選擇繼續使用。然而，如果有人提出「包括故障車在內，只要在今年內換購新車，就提供2,500歐元補助金」，相信許多車主必然會因此產生「購買慾」，認為既然要換車，還不如利用這個時機多少領些補助金。據說當時德國有車商甚至在賣場展示破爛不堪的舊車，就是為了宣傳「這種爛車也可以賣到2,500歐元」。不是1,000歐元，也不是2,000

圖6　日本和德國促進換購新車制度的比較

	日本	德國
環保車的補助金額	・車齡超過13年以上者為廢棄車輛 →25萬日圓（輕型車減半） ・上述所列除外 →10萬日圓（輕型車減半） （2009年4月～2010年9月）	・車齡超過9年以上者為廢棄車輛 →2,500歐元（以當時的匯率計算，約為33萬日圓） （2009年1月～12月）
政府預算	6,300億日圓	50億歐元（約6,600億元）
環保車減稅	減免汽車取得稅 和汽車重量稅	免除汽車稅

注：德國因完全消化相關預算，於9月2日宣布截止申請

日本與德國的自用車車齡分布

【符合換購條件車輛】德國：約39%（超過9年）＞日本：約11%（超過13年）

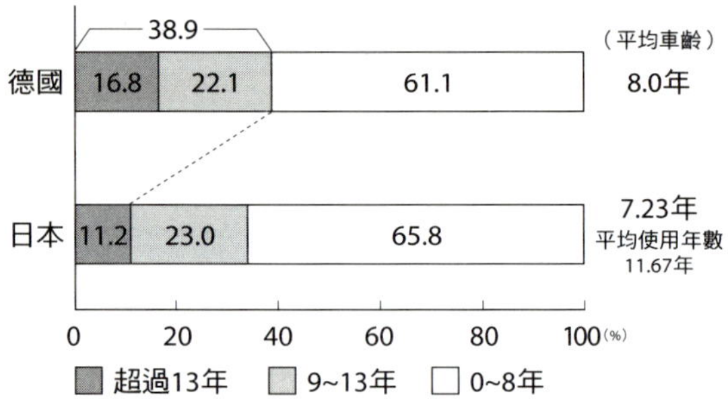

注1: 日本為2008年3月底，德國為2008年1月1日
注2: 日本部分不含輕型車
資料來源：自動車檢查登錄情報協會《我國自動車保有動向》、日本自動車工業會《世界自動車統計年報》
出處：日本經濟研究中心發表的研究報告〈經濟百葉箱〉第14號

歐元，而是2,500歐元，這應該是德國政府經過深思熟慮算出的數字。這個政策使德國當月新車銷售量創下比前年增加40%的驚人紀錄。

對於德國的嘗試也有人批評「這只是在消耗明年以後的需求」。事實上，2010年之後，德國國內的新車銷售量確實比前年大幅減少，也有報導指出這是「購車津貼產生的副作用」。

但我認為，提供津貼、鼓勵換車是去年的事，獎勵措施已經暫停實施，新車銷售量較前年大幅減少也很正常。如果因此導致銷售量出現負成長，明年再用其他方案刺激消費者購買商品就行了。無論是房屋、冰箱或電視都可以，要活化一國的經濟就是這麼一回事。尤其是經濟嚴重衰退的國家，如果由政府帶頭推行大規模的景氣復甦政策，百姓一定會冷眼旁觀。相反的，如果由政府在背後支持民眾消費，採取民間和政府8：2，或7：3的支援方案，民眾的儲蓄就會流入市場，有效提振經濟。

順帶一提，德國的汽車業在國內需求告一段落之後，也因為海外需求回溫，目前新車的總產量正在逐漸增加當中。

用一百元創造兩百元的效益

接下來要來看看相較於梅克爾政府，日本的政策又是如何。

日本自民黨的麻生政府在德國實施「購車津貼」後的3個月，也就是 2009 年4月，也提出了「環保車補助金」的舊換新獎勵措施（同時還實施「環保車減稅」），做為振興經濟的一環。然而，日本的舊車換新車獎勵政策，卻未引起太多迴響。

相對於德國耗資50億歐元（約6,600億日圓）刺激民眾的購買慾，在補助開始後的8個多月（2009年9月初）就消化掉所有預算，終止了這項政策，日本除了原本編列的3,700億日圓的預算外，還追加了預算，而且將一年的申請期限延長為一年半。由此就可以看出兩者雖然相似，實際上卻全然不同。

原因是要申請日本的補助金除了必須符合車齡超過13年，還必須換購使用2010年油耗基準的新車。

德國 9 年以上的車約占全國車輛總數的四成左右，但日本規定的13年以上的車，僅占總台數的一成多而已。此外，相較於德國約33萬日圓的補助金，日本只有25萬日圓，而且還必須購買通過新油耗標準的新車。如果舊車車齡未超過13年而要換購新車時，只要符合新油耗標準，就提供10萬日圓的補助，但以目前的物價水準來看，購買新車只補助10萬日圓實在是誠意不足。

兩項措施雖然都是刺激消費者花錢的政策，但都充滿官僚氣息，層層的附帶條件早已澆熄消費者的購買意願。

如果要細數日本政府和官員沒有充分了解「消費心理」的實例將沒完沒了，麻生政府在2009年3月實施的「定額給付金」也是其中一個好例子。定額給付金支付每位日本國民12,000日圓（18歲以下的兒童和65歲以上的高齡者為20,000日圓），但目前有多少人還記得領到給付金當時的感動。這次的給付金發放雖然耗費2兆日圓的巨額稅金，但是經由複雜手續匯入每個人銀行帳戶的做法，製造出的心理效果可

圖7　刺激消費方案的重點

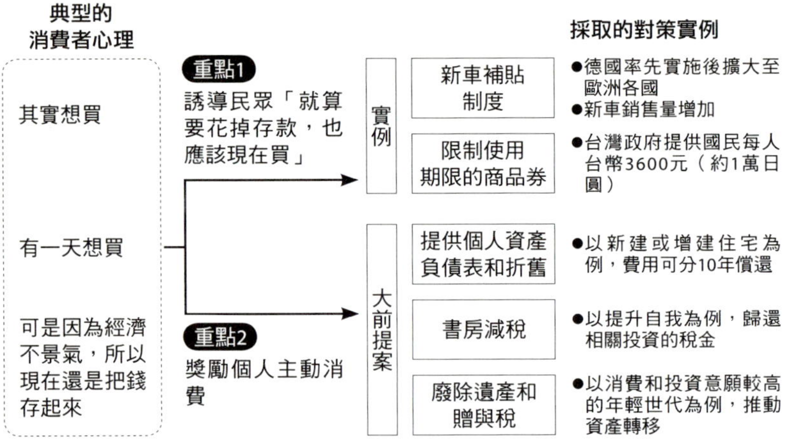

BBT綜合研究所

説是零。如果政府知道「現在的消費者就算有錢也不花」的消費心理，絕對不會有「只要將12,000日圓匯入個人帳戶就好」的想法。

其他國家也有類似的例子。例如，台灣就早日本一步在 2009 年1月發給全國人民每人3,600元的消費卷，但明文規定只可用於購物，不可兑換現金或存入銀行，而且還定有使用期限。由於可以像支票分開使用，發放首日便有超過95%的民眾領取。雖然這筆預算總額約2,300億日圓，只有日本定額給付金的1%，GDP貢獻度也只有1%，單純計算的話只有不到4,000億日圓，但因為消費卷無法找零，不想浪費的人就會再掏出錢來購買其他東西，這真是刺激消費者購買慾望的好方法，也是以一百元收到兩百元效果的最好例子。

總之，只要能讓消費者卸下心防，讓他們想買東西、想再奢侈一點，整個社會潮流就會跟著改變。

平日吃50元便當、假日住五星飯店

日本經濟即使因為不景氣一籌莫展，但花錢不手軟的人還是大有人在。例如，箱根、伊豆和熱海這些素有熟男熟女祕密後花園之稱的渡假勝地，「兩人兩天一夜8萬日圓以上」的超高級旅館，現在不只是週末，就連平日也經常呈現客滿狀態，很難預訂，尤其是每晚12萬日圓的高價房間，更是早已預約滿檔。

這類超高級旅館的客層大致可分為三類。第一類是退休後沒有工作、悠閒度日的老夫婦，這個顧客層有一定的人數，客源十分穩定。第二類是手頭闊綽、性喜拈花惹草的中老一族，這類客人不太受景氣影響，需求旺盛。剩下的三分之一則是為了和老婆或情人慶祝特別日子，或是犒賞自己，前來渡假的年輕夫妻或情侶。

根據我的調查，入住這些高級旅館的客人平常生活並不十分講究，尤其是第三類顧客，有不少人中午都是以超商便當、牛丼或速食解決一餐。此外，也常聽說開著法拉利或BMW的客人，出現在百圓商店或唐吉珂德（Don Quijote）等低價量販店。我認為這種極端式的消費方式與其說是因為民眾「所得差距」擴大，產生社會落差或階級區隔，不如說是每個人開始視情況交叉使用高級和低價商品，也就是現代人的消費方式已經逐漸沒有「中間地帶」，進入了「高級」和「廉價」兩種極端的消費時代。雖然常言道「一樣米養百樣人」，但最近日本的消費者卻傾向「一樣人種百樣米」。

為什麼會出現這樣的消費變化呢？我認為這是因為消費者的心態無法「放鬆」，對未來多變的經濟情勢缺乏安全感，才會刻意減少浪費，出現平日盡可能節省開銷，只在特殊節日大肆揮霍的精明消費方式。

所以，只要大家能夠放鬆心情，就會願意消費，因此如何讓這些「就算有錢也不花」的人掏出錢來，才是繁榮經濟最重要的課題。

| 第二章 | 眼前的金礦

一個人的好生意

這是一個貓狗數量比新生兒還多的少子時代，這還是一個老人比年輕人還多的高齡時代，當「單身變成主流」，解悶、獨樂、省時、療癒、限量就變成熱賣的關鍵詞，宅經濟也成為企業一較高下的主戰場。

精品失寵了

近幾年，國外的高級精品銷售量在日本突然下跌。根據矢野經濟研究所的調查，2009年國際高級精品在日本的市場規模為8,946億日圓，僅占前年的84.1%，創下史上最大跌幅，甚至還不到1996年1兆8,971億日圓的一半。現在無論是百貨公司，還是銀座的名品店，都冷冷清清，買氣不再，就連輕井澤的名牌暢貨中心（王子購物廣場的花園購物中心）和精品集散地的福岡博多Riverain也門可羅雀。

高級精品為何沒落？我認為是因為這些高級精品公司，因為過去盛極一時的榮景而得意忘形，不再從顧客的立場出發。企業存在的最大目的就是「服務顧客」，套句麥肯錫的話來說，就是「以顧客的利益為優先」，如果一家公司只是站在自己的角度，以公司的成長、規模、營業額、展店數目為主要考量，最後一定會失敗收場。

如果從高級精品的成功歷史來看，會發現他們一路走來都在盡力取得顧客的信任。

圖8　高級精品的市場規模不及巔峰時期的一半

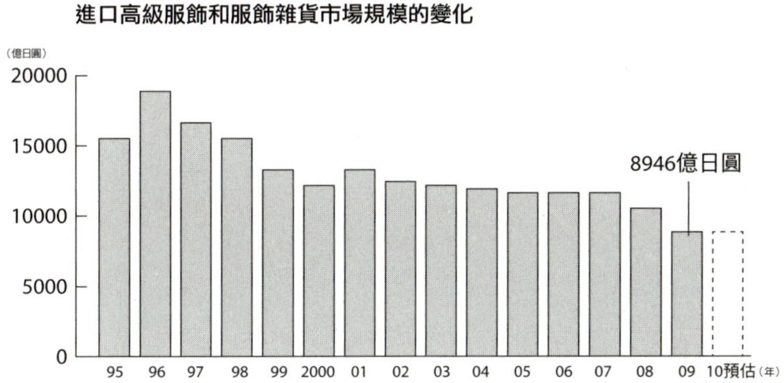

注1：以零售金額為準
注2：以貿易月表的CIF（金額）為準，加計每年的匯率
注3：預估為預估值
出處：矢野經濟研究所〈2010年國內進口品牌市場調查結果〉

例如，在皮包的製造上，他們不僅注重材質，也講究做工，只交由特定的裁縫師父縫製，還會針對顧客的特殊需求進行一對一的貼心服務，他們不斷追求完美的努力，讓客戶深信產品價格雖然昂貴，但一定有它無可取代的價值，也因為對品質的堅持，與顧客建立了深厚的信賴感和滿意度。

但是，現在有許多品牌在闖出名號，出現供不應求，或是成本不具競爭力之後，都開始交由其他公司代工製造，走入OEM的模式，也就是在品牌站穩腳步之後，開始思考商品調度的問題。

例如，許多高級精品原本都在法國或義大利生產製造，但為了降低勞工成本，後來都紛紛轉往西班牙生產。但在人力成本過高，不具價格競爭力之後，又再轉往土耳其和羅馬尼亞設廠，現在幾乎所有精品都交由中國代工製造。目前除了愛馬仕（Hermès）和卡地亞（Cartier）等少數品牌之外，過去生產「快速時尚」（如同速食般價格低廉且對流行敏感的服裝）的土耳其、羅馬尼亞和中國，現在全都成為知名名牌的代工廠。

然而，一旦走入代工製造模式，就會因為工法相同，無法展現細節之美，失去品牌原有的獨特性。而且，多數品牌為了擴大銷路，都爭相增加商品項目，紛紛跨入皮包、皮鞋、飾品、鐘錶，甚至男性商品領域，但最後也往往因為產品過多，無法區隔出品牌特色，使得支撐品牌多年的基礎因而消失。

市場爭奪戰之後又會出現何種情況呢？通常會進入「價格戰」的惡性競爭中，但我認為想要搶占現在的市場，就算降價也達不到任何效果。因為精品業必須負擔龐大的行銷費和店面營運費，降價反而會讓利潤不斷遭到侵蝕，導致價格和銷量都慘不忍睹，讓公司深陷危機，落得只剩品牌名稱的下場。

更糟的是，這樣的公司通常很難東山再起，因為已經失去存在價值，不知該以何為據，這就是精品業草率採取擴大策略的下場。

「戒精品」是一種消費進化

日本的消費者直到最近幾年才發現名牌商品的價值，也就是三萬日圓的名牌商品，和H&M、ZARA、UNIQLO三千日圓的平價服飾，並沒有太大差別。原本以鄉下中年婦女為銷售對象的思夢樂流行服飾，現在也開始走年輕女性路線，展現強烈的都會風格。

當然名牌在材料和品質上確實比一般商品好，但現在大多數的消費者會認為，如果是洋裝或流行服飾，在平價服飾店購買就可以了，因為這樣反而能常常買到價錢便宜的新款商品。

另一方面，消費者也開始體悟到就算材料或做工較好，名牌商品已經沒有相對的價值，所以即使手頭寬裕，也不會想買名牌，反而喜歡樣式眾多的平價商品，現在不要説是百貨公司，就連暢貨中心裡的精品店都少有人光顧。

換句話説，日本人並不是因為前所未有的不景氣導致經濟拮据而不買精品，而且像「草食系男孩」這類物質慾望低落的年輕人逐漸增加，也和不景氣沒有太大關聯，名牌精品的價值和價格在不能發問的世界裡已經開始受到質疑，就好像安徒生童話裡的「國王的新衣」，大家已經開始了解價格其實毫無意義，我認為這種「戒斷精品」的心理轉變是一種消費上的進化，而日本企業只要了解現代人的心理變化，就不會期待有朝一日還能恢復往日榮景了。

現在精品早已無法代表一個人的身分和地位，也不再能滿足成熟社會消費者的虛榮心。以往一個人如果全身是香奈兒，可能會讓人投以羨慕眼光，尊為上賓，但現在在日本反倒是思夢樂這類平價潮服，更受年輕女性歡迎。

既然不是因為不景氣而不買精品，所以就算景氣復甦，消費者不再手頭拮据，精品的銷售量也很難恢復往日盛況。歐美人本來就不像日本人什麼都要名牌，而會依照自己的喜好穿著打扮，今後的日本人也會逐漸朝這個方向轉變，我想現在除了日本，全世界還會執著於名牌的應該就只剩中國了。

總之，不再過分崇拜精品的消費轉變證明了消費型態屬於開發中國家的日本人，也逐漸和歐美消費者一樣「成熟」，開始選擇自己真正喜歡的商品。

不要打折，只要新奇好貨

不只是名牌精品，現在各類商品銷售狀況不佳都不是景氣能說明的。

在經歷「百年一次」的雷曼危機之後，綜合大型超市裡的低價商品開始大受消費者歡迎，超市業也出現前所未有的激烈降價消耗戰。例如，西友百貨在2008年12月開始率先公布降價品項，不僅在所有店頭都貼上「他店價格對照表」，也為了能與競爭對手在價格上互相抗衡，不惜流血降價促銷大部分的商品。7&i控股公司旗下的伊藤洋華堂（Ito Yokado）也於2009 年 3 月開始針對2,600種服飾和食品展開降價，這個煙硝味濃厚的行動，隔天立刻引起AEON在各大報上刊登：「和別人相比，我們絕不便宜」的「反省廣告」，並以調降5,100種商品價格做為回應。伊藤洋華堂見狀，立刻再度調降2,400種商品的價格回擊。

由於營業額不斷創新低，各大綜合超市紛紛試圖用降價留住客人，但因為降價就好像用繩子勒住自己的脖子，讓生意毫無利潤可言，使整個業界收益因此大失血。

我認為超商的經營者現在應該要問的是，顧客是否真的需要折扣？大家應該回到「銷售對象是誰」和「顧客的需求是什麼」的經營原點。

「夫妻加兩個孩子」不是多數

2008年，日本超商的全年營業額首度超越百貨公司，主要原因除了因為引進 taspo 購煙感應卡引發特殊購煙需求外，在超商購買生鮮食品和廉價自有品牌的主婦和中老年人大增也是不容小覷的原因。同樣的商品大家當然會選擇比較便宜的購買，不過，價格並不便宜的超商營業額之所以增加，應該還有更重要的原因，那就是日本消費者的基本結構產生了變化。

事實上，只要觀察人口普查數據，以及國立社會保障暨人口問題研究所的「家戶數變化調查」便能一目了然。一提到「日本家庭」，大多數人首先會想到的是一對夫妻和一或兩個小孩組成的核心家庭，但這樣的家庭組成已經不是主流，目前日本最多的其實是「一個人的家戶」（參見圖9）。

一個人的家戶從1960年的400萬戶逐年快速增加，2005年已經達到1,333萬戶，與1,464萬戶的「夫妻和小孩組成的核心家庭」並駕齊驅，而且預估到

圖9　家族家戶減少，家戶結構逐漸轉變成以單身家戶為主

一般家戶中不同家族類型家戶數的變化

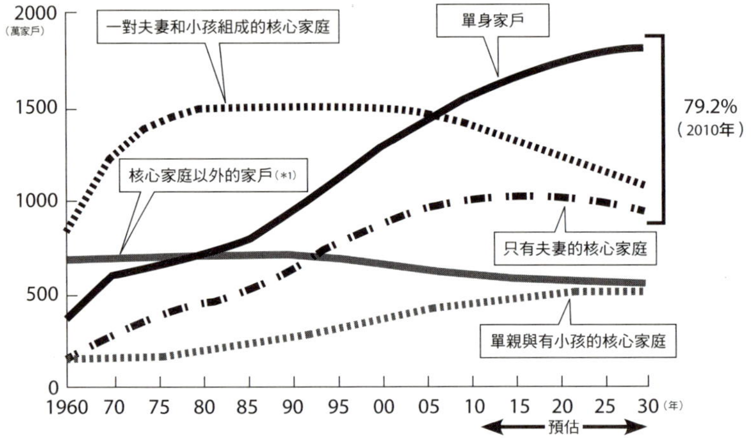

＊1：與親戚或親戚以外的人同居的大家戶

一般家戶中不同家族類型的比例

（2010年預估值，100%=5029萬家戶）

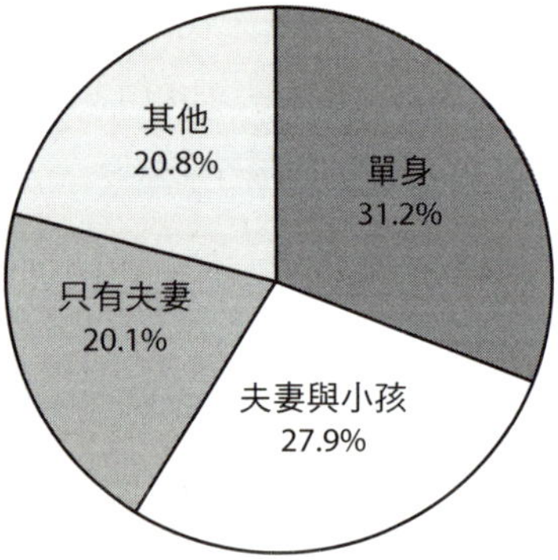

〈注意〉國勢調查的家戶種類

- ● 所有家戶＝一般家戶＋機構等家戶
- ● 所有機構等家戶乃指住宿的學生、住院病患以及入住社會機構等家戶（2005年約為10萬家戶，約占總家戶數的0.2%），但此處僅計算一般家戶。

資料來源：國勢調查（總務省）、國立社會保障暨人口問題研究所
（＊截至2005年為國勢調查，自2010年起為國立社會保障暨人口問題研究所的估算）
BBT綜合研究所

了2010年一個人家戶將突破1,500萬戶，超越核心家庭，占總戶數的3成以上。此外，「兩人夫婦的家戶」和「單親家戶」也在逐漸增加，現在日本的家庭面貌已經和過去完全不同，呈現新的家庭結構。

還有另一個值得關心的重點，那就是一個人家戶的年齡分布。如果觀察不同年齡區間的家戶數變化，會發現1985年的一個人家戶以 20 到 24 歲者為最多，而且隨著年齡增加逐漸減少，但是 2010 年的一個人家戶除 20 至 24 歲之外，在所有年齡層都開始大幅增加，而且同年代的家戶數目也都相去不遠（參見圖10），這些都是未婚、晚婚、熟齡離婚和夫妻死別的人數增加所帶來的結果。也就是說，目前日本所有年齡層的「標準家庭」應該是「一個人的家戶」，但是大多數的超市商品包裝至今仍是以兩個小孩的核心家庭為主，這樣的份量對一個人生活者而言當然太多，專程開車前往郊外超市、買滿一整輛購物車的顧客也跟著大幅銳減。日本多數的超市都是以100公克為肉品包裝的標準，但這樣的份量對一個人的單身者來說實在太多，80公克的份量反而才是最恰到好

圖10 消費者的結構變化：因未婚、晚婚、熟年離婚和夫妻死別等各類原因，使「單身家戶」在所有年齡層皆大幅增加

不同年齡、階級的家戶數變化（單身家戶）

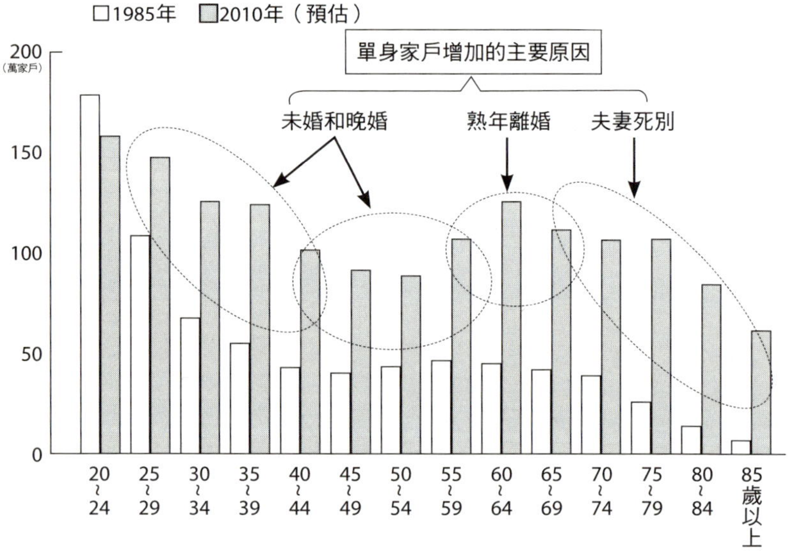

資料來源：國勢調查（總務省）、國立社會保障暨人口問題研究所
（＊截至2005年為國勢調查，自2010年起為國立社會保障暨人口問題研究所的估算）
BBT綜合研究所

處，對這些人來說，在超市購買過多份量只會浪費食物。

再貴也要買來愛自己

其實現在有許多一個人的獨居者，選擇在住處附近的超商購買價錢稍高、但份量較小的熟食和便當，或是下班返家時在靠近工作地點的百貨公司地下街，購買較高檔的熟食；飲料等較重的物品則是在車站到住處間的超商解決，如果沒有在實體店面購買生活所需，就會利用網路商店、網路超市或宅配PIZZA等不需要出門的「宅經濟」。

總之，多數的一個人生活者並不只是需要廉價的商品，他們最大的消費主張是，即使不便宜，也要買自己喜歡的東西，而且對愛用品牌非常死忠。綜合超市的營業額之所以衰退，是因為原本設定的小家庭戶數減少，如果這些業者都分析過這些原因，應該就不會出現降價吸引顧客的「自殺行為」。想省錢的一個人生活者不會因為東西便宜，就衝動購物，而且業者應該注意到，都會區的一個人生活者並沒有開車購物的習慣。

不僅如此，我認為總數約占總家戶數兩成多的1,000萬戶「兩人夫妻家庭」，也不太熱衷追求廉價商品。沒有小孩的雙薪家庭多半會因為經濟情況較佳，比較堅持自己的喜好。而孩子已經獨立的50歲夫妻，無論是在金錢上或時間上，都較為寬裕，傾向追求昂貴、少量但美味的精緻美食，甚至是親手製做的手做料理。

但問題是，多數綜合超市都沒有針對這群占總家戶數五成以上、購買力高的「一個人生活者」和「兩人家庭」提供服務。因此，就算把價錢壓得再低，推出任何低價品，也只對僅占總家戶數三成的「核心家庭」有用。所以，綜合超市的營業額萎靡不振也是理所當然的事。

前面提到AEON刊登「反省廣告」，為「賣場中沒有您想要的商品」向消費者致歉，但2010年2月的集團總收益還是首度出現減少。包括其他綜合超市在內，我真的懷疑日本零售業界是否真的關心消費者的需求，我認為他們只是假裝「反省」，實際上對消費者的生活型態和購買行為根本不關心，也不想分析研究改變的原因，我很想告訴他們，反省之前一定要先「思考」。

日耗的要便宜，耐久的要精緻

當超商和超市大量推出價格低廉的自有品牌時，我就曾在雜誌專欄上警告大家，不要存有「只要價格低就賣得出去」的幻想。例如，有一段時間大家都在談論1,000日圓以下的超低價牛仔褲，問題是買一件牛仔褲可以穿好幾年，像這種耐用的商品就算壓低售價，效果也不會持久。但如果是像衛生紙這種每天都要使用的商品，打折很可能就會讓消費者心存感激。不過，對使用週期長達數年的商品與其打折，倒不如以合理價錢提供真正的好貨，努力增加顧客滿意度才是王道。

我認為經營者之所以偏離正軌、胡亂降價一通，是因為他們怠忽職守，無心經營。因為降價對業績影響極大，絕對不能解決任何問題。如果將損益分析表進行敏感度分析，就會發現大部分商品只要降價10%，即使銷售量增加兩倍，收益還是會減少。由此可見，目的不清的降價可說是愚蠢至極的銷售行為。

事實上，《日經週刊》（2010年3月號）曾經刊登過關於廉價自有品牌對企業造成重大打擊的報導。這篇報導指出，2008年東急百貨企圖將自有品牌的營業額提高至總營業額的三成，於是備齊了2,192種從食品到服飾的自有品牌商品，但這些商品大多滯銷，2010年2月集團總營業額更是減少9.3%。東急百貨見狀，於是趕緊將自有品牌減少至鼎盛時期的一半，但這項政策卻讓員工不知該在空出的貨架上擺什麼商品，這篇報導說明了依靠自有品牌商品的可怕與危險。

走低價路線的自有品牌對企業營收來說就像一把雙面刃，「只要便宜就好」的態度，就是在做「不考量顧客需求」的生意，大量製造出「廉價」但「粗糙」的商品。

廉價和粗糙之間的距離

經營者經常掉入一個陷阱，那就是混淆商品的「價格」與「價值」。

如果沒有想辦法增加商品的價值，只是一味降低價格，最後一定還是賣不出商品（購買頻率較高的商品除外）。反之，如果商品價值改變，就算不降價，也還是賣得出去。即便是像現在這樣不景氣，如果消費者缺乏購買慾，價格就算再低也一樣，這就是為什麼包括伊藤洋華堂、AEON和西友等綜合超市，在沒有增加商品價值之下，瘋狂降價，到頭來只降低整個業界的收益。

犯類似錯誤的企業並不少，日本麥當勞的創始人藤田田也是其中之一。1998年，日本麥當勞發表了「通貨緊縮宣言」，將原本每個130日圓的漢堡降低為65日圓，但銷量不增反減，這是因為顧客會覺得「什麼嘛！麥當勞的漢堡只值65塊！」就連號稱「經營天才」的藤田田，都將價格和價值混為一談，犯下讓顧客推翻麥當勞累積多年品牌價值的錯誤。

最近的例子則是UNIQLO的姊妹品牌，也就是專門販售 990 日圓牛仔褲的超低價服飾g.u.。UNIQLO主要的訴求是「成為消費者住家半徑 500 公尺的國民制服」，而消費者對它的品牌印象則是「以最合理的價格販售品質極佳的平價服裝」，是讓人心懷感激的生活品牌。

問題是，g.u.的價格竟然比UNIQLO還便宜，這麼一來大家不就會認為g.u.的品質可能比UNIQLO還差嗎？雖然母公司迅銷集團立即表示：「當然不是！g.u.的品質很好」。但一直以來支持UNIQLO的消費者，難免會納悶「如果品質很好，又比UNIQLO便宜，為什麼不在UNIQLO賣呢？」

在我看來g.u.將價格和價值混淆，是一個毫無意義的品牌。雖然g.u.的牛仔褲銷路不錯，但我認為同樣的商品如果在UNIQLO以同樣的價格販售，銷售量應該會是好幾倍吧！迅銷集團的會長兼社長柳井正是我的好友，也是一位值得尊敬的企業家，但我無法了解他為什麼不全力經營UNIQLO就好。例如，擁有西班牙品牌ZARA的Inditex集團，旗下還有Massimo

Dutti等五個品牌，但是能躍上國際，成為全球化品牌的卻只有ZARA。

買一種生活方式

不只是迅銷集團，SONY旗下的QUALIA情況更糟。QUALIA是SONY在2001年推出的新品牌，其主要訴求是「以最尖端的技術提供最高品質的產品」，主打高檔投影機和液晶電視市場，卻因為價格過高完全賣不出去。

最糟的是，QUALIA的出現使得SONY原來的愛用者開始困惑，這群忠實的顧客是因為相信SONY是眾多品牌中的佼佼者才購買，但當時的會長兼執行長出井伸之卻表示，SONY將推出技術更尖端的頂級品牌QUALIA，結果因此摧毀經營多年的「SONY不敗神話」。我認為他們不該另外推出QUALIA，而是應該以 SONY 的名義推出相關產品。

因為消費者無論是對麥當勞、UNIQLO或SONY都有明確的認知，認為「這個品牌就是這樣」，企業不能因為不景氣或通貨緊縮這些眼前的環境變化，就急著降價，或是推出低級品或高級品來摧毀原來的形象。優秀的經營者除了必須努力維持品牌形象，也要隨時注意誰才是自己的顧客，而這些人又需要什麼？

我想舉一個值得學習的好例子，那就是九州有一家叫做Hallo Day的超市，這家公司並沒有削價競爭，卻能夠在眾多競爭中創下年年增長的好業績，開店至今即將步入50周年，之所以能屹立不搖，不受景氣影響，原因就在於店內的設計有別於傳統超市，到處充滿新的「價值提案」。例如，北九州市的足原分店內不僅經常播放著令人心情愉悅的鋼琴演奏，還會依照份量販售橄欖油和紅酒，旁邊更佐以精緻美味的烤麵包和點心吸引顧客駐足。不僅如此，店內也提供各式咖啡豆的研磨服務，並設有烹飪諮詢專區。雖然只是一些簡單的安排，但就是這些小動作擄獲了顧客的心，這家店也成為同業參觀人數最多的店。

除了Hallo Day之外，YAOKO、7&i集團的York Benimaru、大榮集團的丸越，以及集中在東京和近畿都會區的LIFE等超市業者都有不錯的成績。這些公司沒有一家打價格戰，都是因為顧客喜歡他們的商品，才生意興隆。

不只是超市，只要顧客能認同商品的「價值」就無須價降或打折，換句話說只要提供的服務能夠滿足消費者的「心理」，就會成功。例如，抓住現在消費者想吃少而精緻的美食、想藉由均衡飲食維持健康，或是喜歡的商品就算貴一點也無所謂的心理，東西就一定能夠賣得出去。

目前日本製造業和零售業的問題就在於多數公司都還未能抓住這個消費趨勢。

貴的要獨特，便宜的要超值

人對價格的判斷一般都是依據「知覺價值」而定，所謂的知覺價值是指消費者認為該項商品值多少錢的價值。

那麼，品牌要如何維持知覺價值呢？簡單來說，就是必須針對暢銷書作家丹尼爾．品克（Daniel

H. Pink）在《未來在等待的人才》裡所說的「設計」、「故事」、「整合」、「關懷」、「玩樂」、「生存意義」六種右腦型知覺給予刺激。我認為法國的羽絨衣製造商Moncler就是掌握知覺價值最成功的例子，雖然他們的羽絨衣每件要價10萬日圓，但最近幾年卻愈來愈受歡迎，在不到1萬日圓的廉價羽絨衣充斥市面的情況下，價格超過十倍的商品之所以還能賣得出去，就是因為消費者對Moncler具有「知覺價值」。像我每年冬天都會到信州山上玩雪上摩托車，而我都是穿著Moncler的羽絨衣，它不僅讓我能夠在山上零下20度的酷寒中，若無其事地吃午餐，還能讓我穿出時尚、展現酷勁。我之所以會有這種感覺，很可能是因為「法國山岳救難隊專用」這句廣告詞深深打動我，讓我留下深刻的印象。

我在前面也提到，名牌精品只要賤價出售就完了，因為名牌原本就是將價值10元的商品以100元出售，如果只賣50元，消費者的認知就會改變，認為它的價值只有50元，之後想再恢復成100元就難上加難相反的，如果想要創造「知覺價值」就不能只是追求產品功能，因為如果一個產品只有功能，就不可能將價值合理化，最好的例子就是鐘錶。石英錶若是只追求功能，就只能變成分秒精準的廉價手錶。現在一個電子錶模組約150日圓，10萬日圓的精品手錶最重要的部分和1,000日圓的平價錶並沒有兩樣，然而，難以靠功能區隔市場正是電子商品的特徵。

總之，看似沒有兩樣，價格卻相差10倍以上的商品隨處可見，這就是成熟經濟的特徵。其中「價值」比例的多寡代表了國家和國民的富庶程度，然而，日本現在幾乎沒有這樣的空間，企業互相競爭，讓市場轉變成低成本、低價格的「功能型」導向，加速通貨緊縮，使經濟萎靡不振，而且功能導向是中國和台灣擅長的領域，沒有日本企業生存的空間。如果不擴大「價值導向」的比例，日本經濟將無法持續發展。

超商是單身者的冰箱

我認為超商要在「三國時代」中勝出的關鍵就是

「生鮮食品」，雖然超商的情況比百貨公司和綜合超市稍好，但在競爭激烈的現在也是硬仗一場。

2003年3月，第三大的全家便利商店併購了第七大的am/pm，兩家合併後在日本國內的總店面數增加為8,700百家，這麼一來全家和原本位居超商龍頭的7-ELEVEN（約12,700家）以及第二大的Lawson（約9,700家），將進入三強鼎立的三國時代。

不過，超商業的戰況不是只有這麼單純，市場飽和後的特徵就是會開始出現淘汰或合縱連橫政策。目前超商正面臨極重要的過渡期，結構問題也開始浮出檯面。例如，最近東京和大阪等大都市的市中心，對生鮮食品的需求都逐漸提高，但超市卻幾乎不賣生鮮食品（除了生鮮超市「Lawson store100」以外）。

以往超商是附近居民的「另一個冰箱」，可以在深夜時補充庫存，或是無須大老遠從超市購買沉重費事的飲料。而且超商提供的商品，都是為了滿足核心家庭和鄰近上班族的最小需求的「最大公約數」。

但是正如前面所說的，目前日本最多的居住型態是一個人的獨居人口，不僅是年輕人，現在由於晚婚、未婚、離婚或夫妻死別，所有年齡層的一個人生活者都在持續增加，而且高齡夫妻或夫妻雙薪的兩人家戶數也在持續增加當中。面對家庭組成結構如此大的變化，超商的商品愈來愈難滿足每個家庭的需求，其中最明顯的就是生鮮食品。

小包的、健康的、速購的最熱賣

由於景氣長期低迷，消費者很容易減少出門，希望多省點錢。另一方面，現代人也比過去更注重健康，開始流行在家料理，就連一個人生活的單身者也愈來愈常在家自己動手料理三餐。但是，大多數的超市都沒有營業到深夜，只要太晚回家，就無處可買菜，而且都會區幾乎沒有超市，就算有，價格也都非常貴。

在這樣的情況下，在超商和超市的夾縫中逐漸出現一種新業態，那就是「小型食品超市」。永旺連鎖超市集團（AEON）的My Basket已經在東京和神奈川開設131家店面（截至2010年6月為止），而大型食品超市丸悅（Maruetsu）從2009年也開始在東京都心開設小丸悅超市。以首都圈為中心開設70多家店面的成城石井，也和JR東日本合作，在車站內的 atré和 Loumine 等購物中心開設店面。

其中最吸引我注意的是，連續兩季收益增加的成城石井。成城石井在車站內設立的賣店就像是縮小版的超市，裡面不僅有豐富的高級食材、葡萄酒和起司等進口食品，還有各式熟食和甜點。對於會在家料理三餐的一個人生活者而言，一般超市的份量都太多了，所以即使成城石井的價格稍貴，但由於位於返家必經的車站內，又可少量購買，所以大受歡迎，我認為這類「小型食品超市」未來將有很大的成長空間。

或許有人會認為如果這是未來趨勢，超商也可以販賣生鮮食品，但事情並沒有這麼簡單。大家都知道，生鮮食品容易腐敗，超市的肉、魚和蔬菜只要稍不新鮮就要立刻下架，送到中央廚房製成熟食或便當，以減少成本損失。

但是，目前以加盟策略為主的超商並不具備這樣的能力，只能由總部將較不新鮮的食品集中到熟食或便當工廠，料理後再送往各店面販賣。由於超商的商品是由總部賣給各個加盟店，如果要在回收利用生鮮食品，必須再由總部買回，但這個動作會造成加盟業者的損失，總部必須支付回收和配送費用，因此回收會有實際上的困難。

超市是一個人的廚房

但若就此按兵不動、束手旁觀並不能解決問題，如果超商一直是每個家庭的另一台冰箱，那何不更有彈性地符合每個地區的需求，加大這個冰箱的容量、豐富冰箱的內容，或是乾脆變成一個人生活者的另一個廚房也可以。

如果超商今後開始販賣生鮮食品，同為Seven & i Holdings集團旗下的綜合超市伊藤洋華堂和擁有連鎖超市York Denimaru的7-ELEVEN將會是最大贏家。如果將販賣生鮮食品的新型超商命名為「Fresh

Seven」，應該可以開拓出商機無限的新市場（但為了不影響集團其他超市的業績，必須先想好詳細的開店策略）。

未來會產生廣大需求的不只是生鮮食品，如果今後主要的消費者是平常只購買少量商品的一個人生活者，或是只有一對夫妻的兩人家庭，這些客人最後一定會希望能在超商訂購和領取在同一集團超市購買的商品，或許有一天超商會成為超市提貨的「駐外單位」。此時和Seven & i Holdings 較勁的AEON集團，除了之前提到的My Basket超市之外，旗下也只擁有Ministop超商。因此，如果未來零售業的競爭舞台轉移到與超市合作的超商，購物中心式的AEON將會陷入苦戰。

如果是在居民以開車為主要通勤方式的郊區，加油站就是最適合的取貨地點。如此，消費者就可以在上班途中前往最近的加油站訂貨（或用網路或電話訂貨），返家時再順便取貨。事實上已有不少歐美國家的加油站都有超商的功能（或同時設有超商）。

另一方面，如果是在以電車通勤為主的大都市，車站就是這場零售大戰勝出的關鍵。因為如果能在每天上下車的車站訂貨和取貨，對消費者可以說是最方便的方式。我之所以特別注意位於JR車站內的成城石井超市，原因也是在此，可惜的是，目前東京和大阪的私鐵超市，似乎沒有這樣的計畫，當然也沒聽說有哪家石油公司有「成為消費者生活綜合管理員」的構想。

雖說超商已經進入「三強鼎立的時代」，但戰線早已超越以往的範圍，而且還在逐漸的擴大，面對小型食品超市的銷售盛況，超商需要更「進化」才行。

右腦型潮物網路熱賣

發展正陷入結構性瓶頸的零售業，其中較具逆轉勝算的應該是網路購物，其中尤以美國最大網路零售商亞馬遜（Amazon.com）的前景最被看好，亞馬遜即便是在景氣惡化、消費低迷的時局裡，仍能一支獨秀地持續擴大市占率。電子書「Kindle」的開賣，更使亞馬遜在 2010 年第一季（1至3月期）的營

圖11　營業額持續向上攀升的亞馬遜

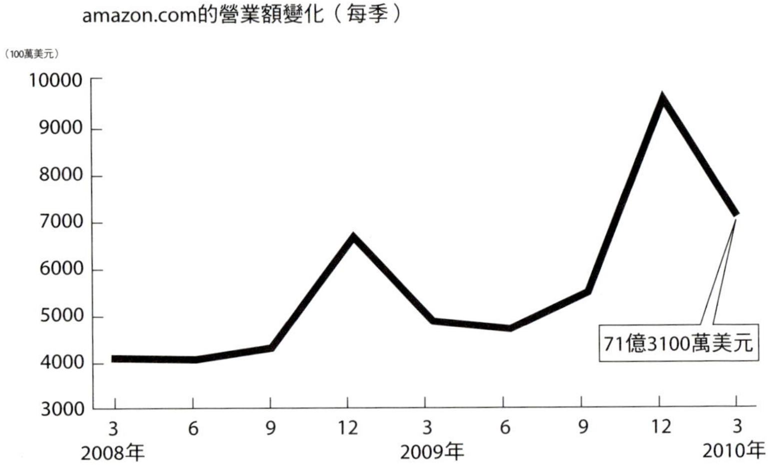

業額比前年同期增加了45.9%，創下71億 3,100 萬美元的佳績，稅後純益更高達 2 億 9,900 萬美元，整整增加了68.9%。

過去我曾多次分析網路購物的特性，也在亞馬遜連續出現虧損的九〇年代在雜誌專欄中指出，只要營業額增加，亞馬遜就能轉虧為盈。

如果重新檢視商品銷量，就會發現以往在網路上銷量不錯的都是機票、旅遊、飯店住宿、書籍、

CD、DVD和家電製品這類在哪裡買都一樣的「左腦型商品」，相反的，具有差異性的商品就很難在網路販售，例如服飾、鞋子和食品等需要實際觀察、觸摸、試穿、試吃、進行確認的「右腦型商品」，就必須在實體店面販售，這已經是一種「常識」。雖然像路易威登（Louis Vuitton）或愛馬仕（Hermès）這類右腦型商品，只要以商品型號訂購就不會出錯，而且幾乎都是以定價販售、沒有折扣的高級精品，又或是像維多利亞的祕密（Victoria's Secret）、Lands End、Eddie Bauer、L.L. Benan、J. Crew 這些品牌，只要是能讓消費者清楚知道自己尺寸的低階商品，都可以在網路販售，但是，除此之外的東西就很難找到生存空間。

目前已經有廣告商利用動畫，將牛排滋滋作響、香氣四溢的模樣呈現在螢幕上，還有像手機購物網站的Girlswalker，也開始在網站上提供專家意見，這些現象在在都說明了右腦型商品也開始走進網路世界。

其中最吸引我注意的是販賣服飾的購物網站

ZOZOTOWN。這個網站目前透過網路販賣126家1,178個品牌的商品（截至2010年3月底為止），全年營業額約170億日圓（2010年3月期）。網站最大的特點就是利用動畫讓顧客能夠享受在實體店面購物的真實感，而且各店的經理、採購人員，甚至媒體，也會在網站的部落格上介紹新品或未上市的潮物。

這樣的設計深受使用者的喜愛，就連著名的品牌複合店BEANAS、UNITED ARROWS和SHIPS也都委託他們銷售，因為如此一來就可以減少開店和庫存的風險。這項策略也在沒有這些知名品牌進駐的地區大獲成功，成為宅男宅女網購的新天堂。逐漸成為品牌複合店平台的ZOZOTOWN，是少數成功的案例之一，而且未來極有可能成為深具爆發力的「潛力股」。

不用成本的好生意

亞馬遜在書籍和CD的銷售上雖然屢創佳績，但在左腦型商品上卻因為商品種類和價格不具吸引力，一直買氣低迷，家具這類右腦型商品更是屢戰屢敗。雖然目前右腦型商品還在苦戰之中，但由於引進新的銷售手法，書籍和CD以外的家電製品和相機等左腦型商品的營業額都有大幅成長。

所謂新的銷售手法就是「聯合採購服務」，也就是亞馬遜不負責銷售商品，只提供廠商招牌（網站）、顧客資料、結算系統和資料探勘，並負責管理庫存、提貨、包裝和出貨，然後在出貨後收取少數手續費。在引進這項服務後，亞馬遜立刻大幅擴充商品項目和數量，也因此獲得策略性訂價的優勢（折扣）。

例如，前幾天我打算買一台單眼數位相機，在決定好品牌和機種後，就前往秋葉原的家電量販店查價，結果發現所有店家的定價都在88,000日圓上下，相差不到幾百日圓，正當我無法決定要在哪一家購買時，又上網搜尋了一下，結果竟發現一模一樣的商品在亞馬遜只賣76,500日圓。雖然家電量販店提供10%的紅利點數，但比較起來還是亞馬遜划算，而且就連8GB的SD記憶卡都只要半價，又可免費運送。

從我的經驗看來，亞馬遜今後在家電製品和相機的銷售上很可能遙遙領先其他通路，並且一路成長，畢竟開設大型店面、採取勞力集中銷售模式的家電量販店，無論如何都無法打敗亞馬遜的價格戰，因為即使雙方的進貨價格相同，亞馬遜沒有實體店面，只有負責出貨的員工，無論如何都比店家更能在結構上壓低零售價格。

比精不比多的時代

以往家電量販店都是利用廠商提供的「銷售獎金」做為顧客折扣的來源，銷售獎金則是根據期末的銷售量來調整，也就是按照固定銷售期間的銷售量給與銷售獎金。這個制度使得家電量販業者會先向銀行借款，大量進貨，然後計入期末的銷售獎金，是一種先收取銷售獎金的取巧做法。

在這種特殊的經營模式中，如果店數增加，營業額卻沒有隨之增加，就無法與廠商討價還價，銷售獎金也會跟著減少。家電量販店為了以規模取勝，都拚命在都市內的車站前或重要都市的郊區擴店。

位居業界第一、發跡於地方都市郊區的山田電機，現在也開始進攻澀谷、池袋和新宿等東京市中心的周圍車站，想與一直占據車站高級地段的友都八喜（Yodobashi Camera）和相機王（Big Camera）展開生死決戰。

然而，這場「家電量販業界的市場爭奪戰」，現在卻出現完全不同的發展，那就是主戰場開始從實體店面數和位置爭奪戰轉向網路經營戰，對我這種人來說，實體店面只是為了調查價格和確認實物樣式的窗口。

亞馬遜在日本購物網站上的最大對手是樂天和價格.com，但在樂天和價格.com檢索商品時，卻會出現一大堆店家和價格不同的各式商品，造成選擇的困難。對使用者而言，亞馬遜的網站簡單明瞭，容易過濾商品，如果價格相去不遠，容易上手的亞馬遜勝出的機會就高很多了。

據傳樂天已經察覺亞馬遜與日俱增的威脅，正在討論將網站從什麼都賣的「市場」，轉換成深耕旅遊、書籍和家電製品這些左腦型商品的「專門店」。無論如何，今後購物網站在家電製品上的市場爭奪將愈演愈烈，而網購業者的競爭愈激烈，家電量販店就會愈沒落，這也是不景氣使消費者減少外出花費，讓「宅經濟」增加的一大原因。由於業績不盡理想，LAOX已從郊區撤退，目前只剩下以秋葉原為主的七家店，但這也只是家電量販業巨變的開始。為了因應接下來的通路大戰，LAOX也加入中國大型家電量販店「蘇寧電器」旗下，希望能破局而出，奮力一搏。

限量是秒殺的關鍵詞

過去消費者在選購商品時，會參考商品DM、雜誌，或是詢問具有專業知識的朋友和店員，但現在網路上就可以查到大部分的資訊，多數網友的意見都有很高的參考價值（不過需要仔細研究相關內容）。

例如，在價格.com這類網站可以立刻查到相關商品的「銷售排行」或「滿意度排行」。消費者經過評比後，網站還會依照「價格高低順序」提供適合店家，消費者可以輕易從中選擇最喜歡的店家購買。換句話說，消費者在購買行為中增加「理性思考」，使得原本掌握在店家或廠商手中的購買主導權轉移到消費者手中，現在聰明的消費者全都「武裝」起來，創造出「集團知識」，這些網路知識已經成為許多人購買時的依據。

以我的曆法來說，2010 年是A. G. 26年（後蓋茲時代，以Windows上市的1985年為元年），這一年電子商務蓬勃發展，使得購買主導權轉移到消費者手中，Twitter等社群工具的出現也造成民眾意識產生革命性的變化。

這些聰明的消費者大多只固定在幾家愛用網站上購物，登錄信用卡卡號，大家對於將個人資料透露給店家仍都心存疑慮，比較願意成為值得信賴或喜歡店家的常客。就連我也是如此，近來最深得我心的購物網站就是「超一品.com」（www.choippin.com）。這個網站最有趣的地方是每天只賣一種商品，葡萄酒也是每天介紹一個牌子，推出的都是行家才知道的壓箱寶，不僅價格便宜，文宣也都寫得讓人覺得真是萬中之選，不買不行。

例如，我是個對醃梅十分講究的人，某天早上登入超一品.com 之後，就看到當天推薦了令我垂涎欲滴的醃梅，於是立刻訂購，兩天後送來的醃梅竟比想像中美味，從那之後，我每天就一定會上超一品.com 瀏覽一番。

我認為超一品.com 的概念正好切中現代人的消費心理，因為現在是電子商務百花齊放的時代，在樂天市場或亞馬遜這些「百貨網站」購物，商品種類雖然豐富，但反而讓人難以選擇。因為人只要選擇一變多，就會不想選擇，再加上現代人家中東西氾濫，只想要行家或同好者推薦的商品，而超一品.com 就是最符合這個潮流的網站之一。從 2008 年10月下旬開站以來，點閱人數不斷增加，目前每天都有多達 4 到 5 萬人造訪。

此外，經營購物網站「美食.com」的「食文化」也大受歡迎，前景一片大好，他們只販售築地或產地直送的鮮魚、高檔肉品和優質蔬菜，也就是一般超市無法取得的「精選食材」，價錢雖然不便宜，但2009

年還是創下營業額高達14億5,000萬日圓的佳績，為2008 年 9 億 7,500 萬日圓的 1.5 倍。

從這裡應該可以清楚看出，「便宜就賣得出去」在現在已經是一種幻想。

一個人的數位新樂園

宅經濟和網路購物之所以能夠不斷發展擴大，與數位世界產生劇烈變化不無關係。

行動電話、電視、相機、GPS、PDA、隨身音樂播放器、遊戲機和電子錢幣這些電子產品已經成為一個人生活的「數位樂園」，而這些樂園目前正快速合而為一，形成一個商機無限的「數位新大陸」。

目前日本國內最重要的數位工具，就是預付式的電子錢幣。預付卡的好處在於只能使用事先存入的金額，不能信用貸款。像NTT DoCoMo的「iD」這類後付式的電子錢幣，只要使用者未付款，仲介的信用卡公司就必須代墊相關款項，提供客戶信用貸款，這種方式必須向使用者收取 3% 至 4% 的手續費，否則會無法負擔收款成本和代墊款項。因此，如果是小額結帳，無論是對刷卡公司、使用者或是業者，預付式都要比後付式更方便，而且更容易使用。

目前預付式的電子錢幣包括有bit Wallet的「Edy」、7&i集團的「nanaco」、AEON的「WAON」以及鐵路系統的「Suica」和「PASMO」，這些都是使用SONY開發的「FeliCa」，也就是一種具結算功能的非接觸型IC卡。

SONY的技術人員原本是希望透過FeliCa創造出全球通用的電子貨幣，才會用「歐元」「美元」「日圓」的第一個英文字母將電子錢包取名為Edy，但如果當時SONY的經營團隊更具遠見，以電子錢幣稱霸全球的計畫就不會是夢想，遺憾的是，他們只將FeliCa視為零件，而非平台，因此錯過了大好機會。

前面提到那些使用FeliCa的各式電子錢幣，其不同之處只在於軟體的協定，我認為只要解除限制，這些卡片就可以交互使用（共用讀取機），讓每家公司的電子錢幣相互流通。

目前電子錢幣正快速朝這個方向發展。7&i的nanaco和 AEON 都只能在自家商店和合作企業使用，使用範圍受限，對消費者來說並不方便，很容易讓擁有其他電子錢幣的客人裹足不前（與當初的目標相反）。因此，自行發行電子錢幣的公司現在都紛紛開始調整策略，從獨自招攬顧客改採包圍戰術，並積極擴大合作對象，在競合中互蒙其利，其中最好的例子就是，發行nanaco預付卡的12,700 家 7-ELEVEN，現在也開始接受 Edy。

就目前的情勢來看，我認為今後最具優勢的電子錢幣應該是Edy，因為Edy是目前發行張數最多的電子錢幣，根據統計，預付式電子錢幣目前累計發行數為1億 2,200 萬張（截至2009年11月為止），其中就有 5,400 萬張為Edy卡，而且也只有Edy卡才能夠在大多數超商使用。

樂天（會員人數 5,300 萬人）在 2009 年底利用第三者配股增資的方式，取得發行 Edy 的 bit Wallet 過半股權，將 bit Wallet 納入分公司。

集點是辦公桌下的祕密娛樂

如果樂天和Edy合體將會產生什麼效應？用Edy付款可以累積樂天的超級點數，還可以在樂天市場、樂天旅遊、樂天圖書、樂天證券等所有樂天集團裡消費，而且與樂天合作的ANA（全日空）的里程點數（會員為1,800萬人）和 TSUTAYA 的 T 點數（會員3,300萬人）也可以累積到 Edy 卡。換句話說，樂天想利用和 Edy 通用點數的策略，將網路顧客引導至實體店面，擴大整個「樂天經濟圈」。

樂天之所以能快速成長，其中一大原因就是「集點策略」。點數現在已經成為僅次於電子錢幣，控制數位大陸的重要工具，對日本人這幾年的購買行為有相當大的影響力。

例如，一項問卷調查詢問消費者「你會選擇何種商店購物」，回答最多的並不是「便宜的店」、「交通方便的店」，而是「點數最高的店」；又針對「你會因為點數選擇店家嗎？」「如果累積點數需要再購買一件商品，你會買嗎？」當中有一半的人都回答

圖12　點數影響消費者的購買行為

請選出所有符合你消費型態的敘述（2009年12月、可複選、%）

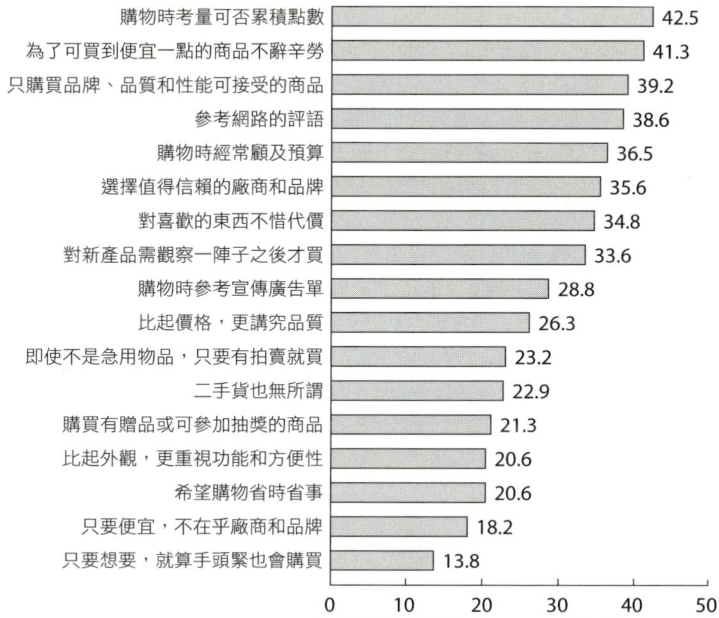

注：網路調查（對象為「My Voice」的評論員，共14415人）
資料來源：My Voice「購物方式問卷調查（第2回）」2009年12月

點數活動對於商店挑選和購買數量的影響（%）購買商品或服務時，會選擇有發行點數卡的商家嗎？

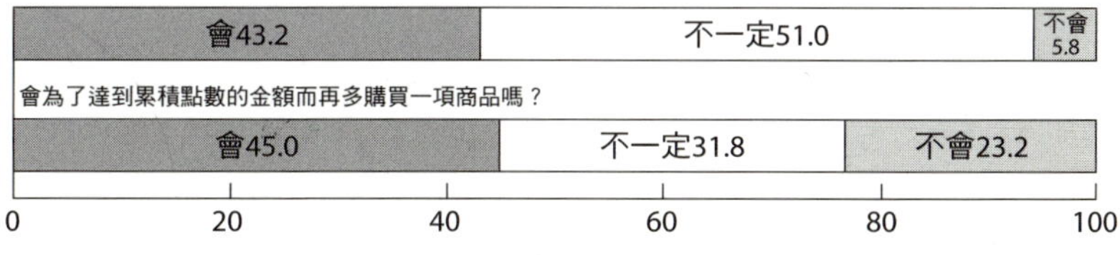

注：登錄點數卡的20至69歲男女，共500人
資料來源：I.M.press「點數卡使用狀況問卷調查」2009年10月
BBT綜合研究所

「會」，這些調查在在顯示了，許多人打從一開始就以點數選擇店家。

樂天旅遊為日本國內最大的綜合旅遊網站，全年預約天數高達3,000萬天，其人氣不墜的祕密正是點數。事實上，樂天的超級點數已經成為上班族的祕密娛樂，如果在樂天旅遊預約出差下榻的飯店，就能將點數累積到自己的名下，用於私人旅行或是在樂天市場購物，當然也能將 ANA 的里程數轉換成 Edy 的刷卡金。也就是說，透過網路交易轉換成現金的樂天超級點數，已經變成太太、公司和國稅局都不知道的「電子私房錢」。

樂天買下Edy，讓點數和電子錢幣產生加乘效應，不僅一下子擴大了「樂天經濟圈」的範圍，也加速了以Edy為平台的數位新大陸的出現。我認為只要再結合第三個要素，也就是「行動電話」，就可以創造出商機無限的數位新事業。雖然行動電話公司NTT DoCoMo也有可能利用「行動電話錢包」或「手機Suica」，開發數位新大陸，但目前比起NTT DoCoMo這樣需要層層決策的大公司，樂天只要社長三木谷浩史一聲令下，便可以展開行動，相信彈性較大的樂天不僅更具競爭優勢，也更能掌握商機。

總之，只要能結合電子錢幣、點數和行動電話三項利器，企業就等於掌握了「數位戰國時代」的財富。

| 第三章 | 外部金礦

勇闖另一個天下

少子高齡化使得人口逐年減少，企業就算緊抓著國內市場不放，也不會有未來，但如果前往前景看漲的新興國家，並以打入歐美市場的雄心大志深耕這些新大陸，企業一定能再創50%的成長曲線，個人也會獲得年年加薪的工作機會。

生活方式不同，賺錢模式也不同

我在第一章曾說過，日本現在已經完全進入成熟國家模式，如果還是以經濟飆漲的「開發中國家模式」經營事業，業績就不可能成長。如果國內市場已經飽和或衰退的企業，還想採取現有的「開發中國家模式」，那就只能前進新興國家或發展中國家。

這可以從2008年秋天因雷曼兄弟倒閉引發全球金融危機看清楚，內需強勁的新興國家完全不受先進國家景氣低迷的影響，仍一枝獨秀地快速成長。中國、印度、巴西、中東和ASEAN（東南亞國協）2009年的GDP都還是維持正成長。2009年底，全球主要企業股票現值總額前500名的企業中，除了日本以外的企業，亞洲各國和巴西、俄羅斯等新興國家就占了107家，較2008年底多出了31家，新興國家可以說目前正扮演推動全球經濟成長的要角。

新興國家為何興盛呢？原因有二，一是在全球各地徘徊、尋找高報酬的巨額「熱錢」，正透過全球金融系統自動轉向新興國家。先進國家過剩的資金

圖13　21世紀的新雁行模式

由日本帶頭的雁行型態發展模式，在70至90年代十分盛行，但在BRIC和VISTA以中國為首，出現一種互相較勁的新意識

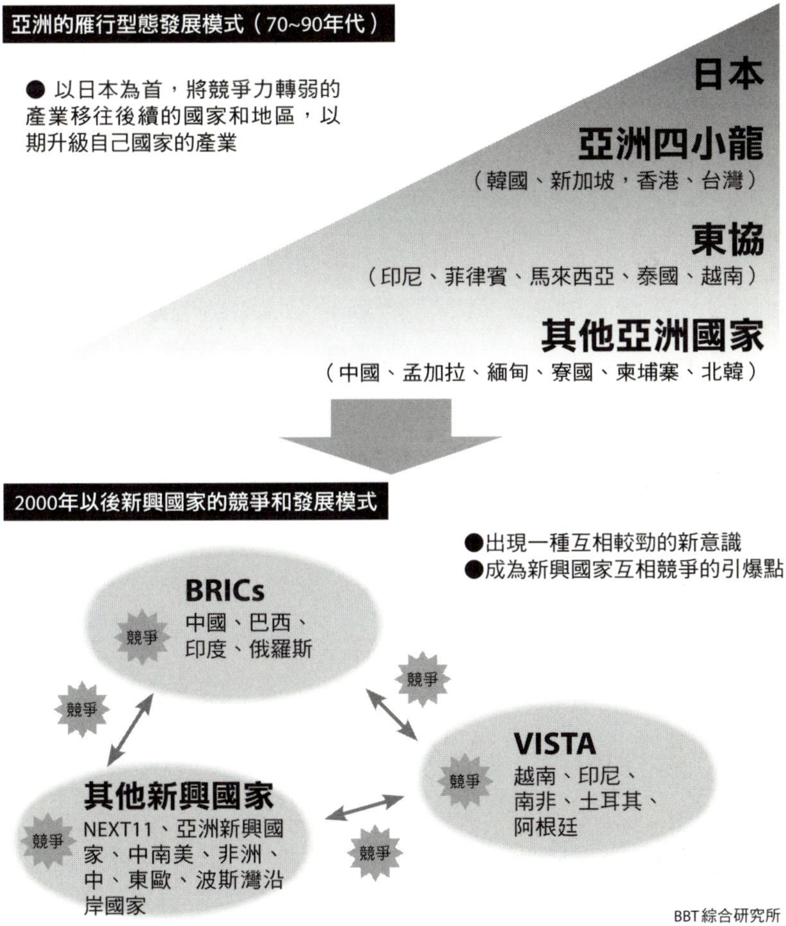

BBT綜合研究所

被包裝成美國投資銀行（目前偽裝成銀行）的金融商品，正大量流入逐漸發展的新興國家，而這就是二十一世紀全新的經濟發展模式。

以往先進國家的投資家不輕易轉進新興國家，是因為「國家風險」這四個字的威脅，風險較高的國家如果不是大型的投資案，不管再大、再有力的企業，都沒有人會輕易出手。

二、三十年前，我經常協助日本企業開發全球市場，當時最常被公司老闆問到的是：「這個國家的政經風險如何？」，也就是說，二十世紀是依照國家風險進行投資評估，對開發中國家採取政府援助開發的ODA（Official Development Assistance）模式，如果有資源就購買資源，如果積弱不振，就直接納為「殖民地」。

但是，現在已經沒人用「國家風險」來評估投資案了，幾乎所有先進國的投資家都為了搭上新興國家發展的順風車，將過去投資在石油、黃金和農產品的資金紛紛轉入新興國家，對資本市場而言，這些民間資金比有附帶條款的ODA更有價值，更好用。而且，由於這些資金不斷在歐美學成歸國的優秀經營者和前景看好的公司之間流轉，一下子就循環帶動了新興國家的經濟發展。

新興國家崛起的另一個原因，是二十一世紀出現了新的「雁行模式」，也就是1970年至1990年代亞洲地區的NIEs（新興工業化國家／韓國、新加坡、香港、台灣）迎頭趕上了帶頭的日本，形成東南亞國協緊追在後的新模式。領先的國家將競爭力轉弱的產業移往發展中的國家，以提升國家產業結構的競爭力。

目前新雁行模式的領頭雁是中國，而跨坐在這支大雁上揮鞭的則是台灣，這情景很容易讓人想到「Chiwan」這個字吧！而BRICs各國（巴西、俄羅斯、印度）和VISTA（越南、印尼、南非、土耳其、阿根廷）等其他新興國家，也因為有「（不久前還是世界最窮國家的）中國能，我們為什麼不能」的鬥志，紛紛企圖迎頭趕上。

會英語學什麼都容易

這些成長中的新興國家都有一個共通之處，那就是年輕人口眾多，勞動力豐沛，而且教育程度都很高，已經能向全世界「出口」白領階級。具備這些條件的國家，除了金磚四國和VISTA五國之外，還有不少，例如，南美的祕魯和哥倫比亞就相當被看好。

祕魯和哥倫比亞的人口分別為2,900萬和4,500萬，國民平均年齡不僅年輕，而且知識水準都相當高，尤其是哥倫比亞擁有飯店管理的服務業強項，治安也在總統烏利貝（Alvaro Uribe）八年任期內大幅改善。

中國、印度、土耳其和羅馬尼亞這些提供各國知識工作者的國家，在國內經濟快速發展後，留外的優秀人才也紛紛返國就業，連帶加速了國內產業發展。由於這批白領精英擅長外語和企業經營，在祖國反而要比國外有更多創業機會。

而且，IT數位革命也使迎頭趕上其他國家不再曠日費時。在類比時代的二十世紀，學習曲線（投入的時間和反應與成果的關係）十分重要，要迎頭趕上得歷經一翻努力，使得發展中國家難以追上先進國家。但進入數位時代之後，一個國家可以輕易趕上，甚至超越其他國家，只要有機器和零件，無論是誰、在什麼地方都可以生產，加上網路普及，只要懂英語，誰都可以立即學到全球的最佳典範。

企業面對如此劇烈的變化又該如何因應？我認為企業必須鎖定新興國家市場的中產階級。

中產階級是好顧客

以往日本企業講究高品質、高價格和高獲利，無論是在先進國家，還是新興國家，都是鎖定高所得者，但如果從全球不同所得的人口結構來看，全年所得在20,000美元以上的高所得者僅 1 億 7,500 萬人，而全年所得在 3,000 美元以上的中產階級，則有14億人，而其中中國有 4 億、印度有 2 億、印尼有 8,000 萬，光是這三個國家的中產階級人數，就是日本總人口的五倍。

即使全年所得只有3,000美元，但他們已經具有日本中產階級以上的購買力，而且非常熱衷教育、家電製品、汽車、家具和出國旅行，情況與1960年代日本的「3C（冷氣、彩色電視和汽車）時代」相似。由於全球各地都有這類成長中的市場，只要投入這塊「商業新大陸」，在當地生產銷售，就能創造驚人的利潤。

事實上，前往新興國家設廠的日本企業都有不錯的成績。例如，本田汽車（Honda）在以摩托車為主要交通工具的巴西（76%）和泰國（70%），就創下對手望其項背的市占率，穩坐市場龍頭寶座。此外，生活用品大廠富馬（Fumakilla）在印尼的蚊香銷售量也大幅增加，而食品公司味之素光是在亞洲就有3,000名業務員深入當地推展事業，兩家公司的營業額都增加了六成以上。

由於日本已經進入高齡化社會，呈現所得不增、市場縮小的現象，因此現在不再是執著於國內市場或高所得者的時代，而是應該將商品開發和營業目標轉向「新興國家中產階級」這個新「獵物」。接下來

圖14　亞洲成為愈來愈重要的消費市場

亞洲中產階級（家戶可支配所得5,001至35,000萬美元以下）**家庭經濟人口的變化**

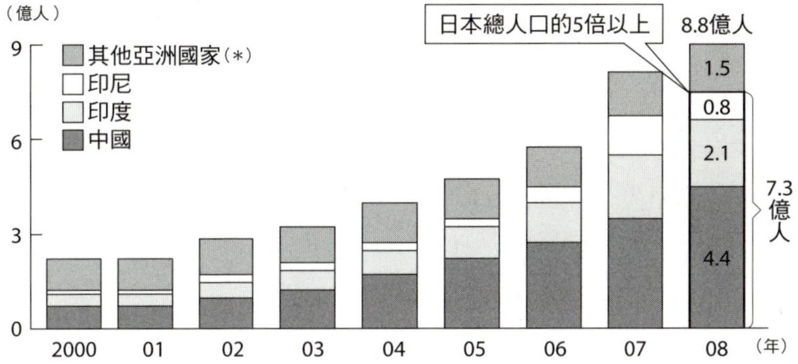

注：其他亞洲國家為菲律賓、泰國、韓國、馬來西亞、越南、台灣、香港、新加坡

資料來源：通商白皮書2009

BBT綜合研究所

我就要帶領大家一一尋找每個國家今後的商機。

中國不再是世界工廠了

首先要分析的是鄰國中國。前不久，IMF（國際貨幣基金）公布了2010年中國的經濟成長率為10%，並預估2011年的成長率為9.9%，堪稱現今最具成長動能的新興國家。

我相信大家都知道中國是個內需廣大、商機無限的市場，但出乎意料的是只有極少數的經營者真正了解中國經濟已經進入「第二階段」。中國在1992年，最高領導人鄧小平發表「南方講話」之後，經濟便在「社會主義市場經濟」的名義下快速發展，2003年到2007年之間更是創下兩位數的驚人成長率。

中國經濟成長的「第一階段」主要靠的是出口，以勞動力低廉的世界工廠創造成長。但在2008年、全球同時陷入不景氣時，中國經濟成長才因出口衰退而大幅放慢腳步，但同年11月，中國政府立即做出因應，公布將投入4兆人民幣，推動史上最大規模的擴大內需方案，大力整頓鐵路、高速道路、機場和核能發電廠等基礎建設，並適度寬鬆貨幣（至2010年為止）。不僅如此，也放寬了原本緊縮銀根的銀行，開放個人的融資放款。這項政策使得因全球金融危機一度暴跌的上海股市迅速翻揚，全球資金再度湧入中國，帶動了中國市場的個人消費，拉高了整體經濟成長率。

雖然大家對於中國政府公布的數字各有不同解

讀，但我認為中國經濟以史無前例的驚人速度成功轉換發展模式，將中國經濟從原本出口導向的「第一階段」帶向內需導向的「第二階段」。對所有外國企業來說，從出口轉向內需是極為重要的發展變化，絕對不可忽略。

因為多數外國企業都沒有深耕中國市場，只是將生產機械和零件運往位於沿海的保稅區，利用內陸的廉價勞工進行生產後的出口加工。然而，中國經濟一旦從出口轉變到內需導向的「第二階段」，外國企業就必須真正走進中國市場，才有可能因應未來的變化。

但目前幾乎沒有企業做到這一點，就連在「第一階段」大顯身手的台灣企業，能真正打入中國市場的也只有以「康師傅」為領導品牌的頂新集團，以及其競爭對手、也是台灣最大的食品公司統一集團。

地方大、風險大、商機也大

然而，要在廣大的中國市場生存並不是件容易的事。例如，頂新在中國約有16萬家零售店面，而日本就算是店面最多的7-ELEVEN也只有12,700多家（截至2010年2月底），根據觀察，要在中國市場販賣食品或一般消費財，至少必須開設10 萬家以上的零售店，但要在中國建構這樣的網絡卻是困難重重。

此外，要在中國回收貨款也沒有那麼簡單，絕對無法採用先使用後付款的方式，因為沒有人會付款，所以頂新和統一基本上都是採用COD（貨到付款）的方式。

問題是，貨到付款的方式很可能會引發員工將貨款放入自己口袋的弊端，讓Cash on Delivery變成Pocket in Delivery。而且，隨著零售經營網的擴大，就更難防止這類事件發生。

在中國，也很難進行品管和庫存管理工作。以食品業來說，由於中國尚未建立冷凍鍊（持續低溫流通管理）這類保鮮流通系統，所以很難掌握末端的商品品質。而且，即使告訴員工必須先販賣快過期的商品，但因為缺乏庫存管理概念，很少有員工會按規定行事。

圖15　巨大市場中國的主要經濟特區

全中國有如經濟特區，各地方政府爭相招攬企業

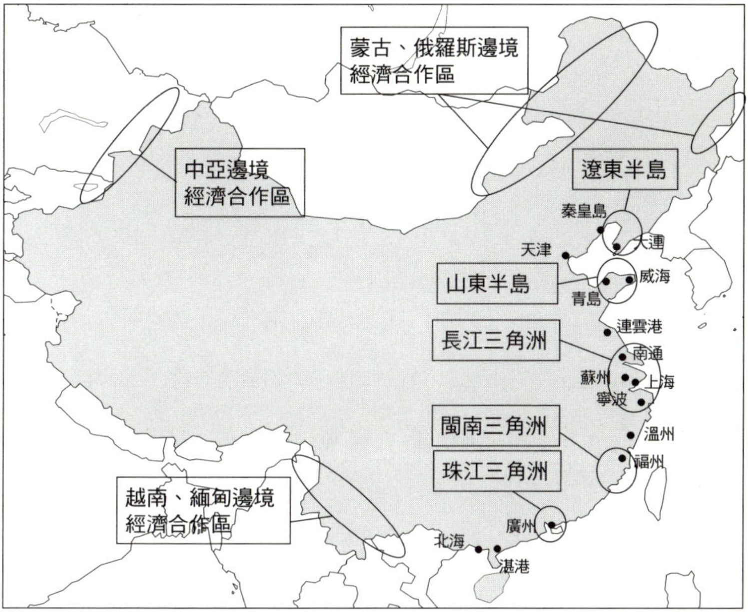

招攬企業的情形（以蘇州工業園區為例）

- 全球大型企業進駐
- 為開發工業園區以公權力大規模撤遷住宅區
- 同意純外資的企業設立
- 法人稅為15%，地方所得稅為3%

資料來源：俄羅斯NIS貿易會「俄羅斯經濟特區會議報告」2006年5月
BBT綜合研究所

但最大的問題是，即使外國企業想深耕中國市場，中國卻沒有具備品牌、行銷、業務和銷售等企管知識的人才，呈現人才荒的窘境，尤其是在行銷和業務這兩大領域。在「第一階段」有所斬獲的台灣企業，也不擅此道，深感棘手。因為台灣過去一直都是為日本或歐美企業進行OEM代工製造，很少以自己的品牌建立銷售和服務網絡，這是台灣企業的弱點，也是今後必須面對的課題。

我認為中國經濟在進入內需導向的「第二階段」後，可能很快就會取代美國，成為世界經濟的領頭羊。因此，全球企業都必須認真思考中國經濟發展的「第二階段」，做好深耕中國市場的準備。換句話說，大家必須徹底改變中國是世界工廠的想法，趕緊改採我從2002年就一直提倡的「中國顧客論」。

要想成功打入第二階段中國這塊商機無限的新大陸，必須具備與第一階段完全不同的專業能力，也就是前面提到的品牌、行銷、業務和服務的各種專業。事實上，2009年之後，中國和歐美的企業早就紛紛瞄準中國市場，日本企業當然也不能落後。

二十年打另一個天下

那麼，企業要如何面對中國經濟發展的「第二階段」呢？首先必須要了解，如果企業想在中國深耕品牌、行銷、銷售和服務的專業網絡，至少需要花上二十年。例如，松下的創辦人松下幸之助無論是在東南亞，還是台灣，都花了二十年才建立連鎖銷售系統（門市網絡），掌握當地市場。日本企業當年打入美國市場也是如此，因為要培養熟悉當地經商習慣的專業人才，與客戶建立信賴關係，就是需要這麼長的時間。

而且未來二十年，中國將出現極大的變化，變成所謂「移動的標的」。我認為中國的各大領域未來極可能採用美國模式，也就是與各大廠商合作，在全國各地開設大型量販店。雖然目前這樣的徵兆仍不明顯，就算是量販店，也只是廠商各自在店內擁有獨立空間，處於經營摸索期。

企業如果要在未來二十年內搶占中國市場，就算投入公司 50% 的經營資源和專注力（關注和管理者的時間分配等）都不為過。或許是我孤陋寡聞，我至今還沒聽說哪家公司有此打算，如果有，頂多就是味千拉麵和王將餃子，其他的我幾乎沒聽說。

如果用胃鏡探照經營觸角遍及全球的日本企業家，應該會發現，他們正盤算以日本50%、美國15%、中國、東南亞國協和歐洲各占10%、印度、中東、中南美和非洲各占5%來分配全球事業的營業占比。但我認為即使將中國的占比調整到和日本一樣都嫌太少，何況現在只有5：1。

5：1還算是比重高的，如果一家公司有一百名負責海外業務的優秀幹部，現在幾乎沒有一家日本企業派遣十分之一的人前往中國，而多數員工也不希望長期留在中國工作。

然而，日本企業過去為了打入美國市場，都是將公司最優秀的員工派往美國打拚。就拿SONY來說，創辦人盛田昭夫在三十五年前就將公司未來接班人的七名年輕主力戰將，全數派往紐約受訓數年，盛田昭夫自己也帶著家人移居紐約。企業如果不以這種魄力將員工派往中國，並且以在當地終老一生的決心傾力工作，將很難打下中國市場。

二十到三十五歲外派黃金期

大家都知道，企業要讓中國業務步上軌道並不容易，原因是現在許多日本企業的高層都是接受美式訓練，不了解、也沒接觸過美國以外的國家和地區，在中國往往會有英雄無用武之地的無力感。

況且，要善用中國人才也不是件容易的事，中國員工只要找到條件更好的公司，就會毫不猶豫地跳槽，過去跳槽被稱為新加坡的「國民運動」，如今中國也有同樣的情況。而且，能跳槽的人通常都比較機靈，留下的全都是反應慢半拍的人，因此，要留下優秀人才必須有相當大的誘因。培養當地人成為公司主戰力不僅困難，而且在中國如果經營不善要關閉公司，也比歐美各國難上許多。

無論是要日本員工留駐中國，還是讓中國員工留在日本，對企業來說都不容易，但如果因此派遣日本幹部前往「督導監視」，也一定會和當地員工發生糾紛或衝突。我認為要在中國經營事業，就必須用當地人管理員工，如果不讓當地人擔任管理職，營運就會窒礙難行。不過，有一家日本企業將人事問題處理得非常好，那就是生產冷凍食品的加卜吉。加卜吉偏好採用留日大學生或研究生，讓他們經過訓練後，再派回中國擔任經理或廠長，這個做法雖然成功，但也花了加卜吉將近二十年的時間。

另一方面，由於目前多數前進中國的日本企業，都是派遣五、六十歲的日本幹部擔任管理職，要這些人再努力二十年實在有些強人所難。我認為前往中國的最佳人選是二、三十歲的年輕人，因為三十五歲以後就不容易學好語言，所以二十到三十五歲的年輕員工最能發揮所長。要不然就是像加卜吉雇用中國留學生，讓他們在日本累積足夠經驗之後再派回中國，或許這才是管理中國人才最正確的做法。

總之，不管是人才養成，還是員工教育，企業都必須跳脫過去框架，找出最符合現階段需求的管理模式。無論如何，中國經濟已經進入「第二階段」，這個有如六〇年代美國市場的「商業新大陸」已經成形，企業不能再拖拖拉拉，毫無作為地等著被邊緣化。

回顧經濟高度成長期的日本，那些在日本市場創下佳績的龍頭企業，往往也在全球市場大放異彩，寫下傳奇一頁。像豐田汽車、普利司通（Bridgestone）和富士軟片這些國內市占率高達50%以上的大廠，都是因為國內市場的支撐，才能有雄厚的資金打入全球市場。從這點來看，今後誰掌握了中國市場，誰就能稱霸全球。

想要打下中國市場，日本企業只能像大富翁遊戲一樣「回到原點」，以戰後企業家帶領日本締造經濟高度成長的決心，和當年拓展美國市場的雄心，回到中國，重新奮戰一次。日本現在最需要的就是這股魄力和企圖心。

南進更勝西進

我每年都會帶領五十位左右的讀書會企業家成員前往海外考察，2009年我選擇了印尼做為考察國，我知道一定有人會問為什麼選擇印尼呢？

我在前面曾經提到，2009年之後，中國經濟就從原本世界工廠的角色進入以內需市場為主的「第二階段」，而印尼的經濟也和中國一樣，進入了「第二階段」。

對許多企業來說，現在的印尼要比中國更具吸引力。十年前，中國員工的月薪不到100美元，印尼則要200美元，泰國為中國的四倍，高達400美元，也因此，那時大部分的日本企業都將工廠移到中國。但最近幾年，中國投資環境逐漸惡化，首先是內資企業積欠員工薪資，引發了多起暴動，中國政府遂在2006年開始強制企業每年至少加薪15%，目前中國平均月薪已經超過30,000日圓。中國政府想以「薪資倍增計畫」討好百姓，但對前往投資的外資而言，如此無預警的旋風式政策，無異是將他們推向倒閉的深淵。位於廣東省的台灣企業富士康，就是因為員工相繼跳樓事件被抹上政治色彩，才緊急將原本的基本工資提高兩倍。但這個消息很快傳遍全中國，形成風起雲湧的加薪潮。由於在中國只要談判就能加薪，現在就連日本企業也因罷工被迫關廠。

再加上近年人民幣匯率走揚，使外資企業遭受加薪和匯率上揚的雙重打擊，更傷腦筋的是，根據2008年中國的新制勞動契約法，現在要在中國解雇員工可說是難上加難，許多企業都感嘆這幾年律師費不斷增加。

雖然中國鄉下還有七億名的勞動力，但許多企業最近才赫然發現，泰國和越南這些東協諸國的勞動成本其實更低、更具競爭力。因為這些國家近十年來薪資都不曾大幅上揚，貨幣甚至還貶值。現在只要支付18,000日圓的月薪，便可雇用到素質頗高的印尼勞工。這次隨我出國考察的企業家看見這個情況，都驚訝地表示：「印尼勞工竟然比中國還便宜！」

此外，蘇西洛總統（Susilo Bambang Yudhoyono，2004年上任、2009年連任）的經濟政策奏效，使得印尼整體投資環境加分不少。當時的財政部長穆里亞尼（Sri Mulyani Indrawati）推動了只要如實申報隱藏資產就不既往溯源的新稅制，使印尼稅收大幅增加了1.5倍，地下經濟從此浮出檯面，為國家開拓了為數可觀的新財源。

這筆稅金的用途十分令人意外，印尼政府有計畫地將這筆稅收用來提高官員的薪水達三倍之多，此舉雖然可能惹惱百姓，但官員貪污的情況卻因此減少許多。蘇西洛的連任說明了百姓支持這些改革，由於他的任期將持續到2014年，所以外資紛紛看好這股經濟力道，爭相前往印尼投資。

經濟穩定成長，也直接刺激了民眾的消費慾望，印尼的內需也從兩、三年前開始擴大。換句話說，印尼因為低廉的勞力再度擁有競爭力，讓國家從第一階段的出口導向順利邁向第二階段的內需導向。

2008年5月，我前往印尼首都雅加達演講時，曾經建議印尼政府，積極爭取成為「BRICs」中的一員，現在果真進入了「BRIICs」時代。在全球面臨金融風暴的2009年，印尼仍然維持4.5%的經濟成長率，我認為比起BRICs各國，印尼今後的發展一定毫不遜於其他國家。

走出去，才能創造50%的成長率

印尼原本就是幅員廣大的國家，面積高達189萬平方公里，為日本的五倍。東西長5,100公里，南北寬1,900公里，東西距離長如北美和歐洲大陸。人口2億2,800萬人，約為日本的兩倍，不僅擁有石油、天然氣、鋁和錫等天然資源，位於熱帶的農業也十分有發展潛力。

儘管如此，印尼並沒有被納入「BRICs」，原因除了是因為它是由17,500個島嶼組成的國家之外，種族和語言種類繁多也是阻礙發展的原因之一（種族和語言超過300種）。宗教方面，除了九成的回教徒之外，還有基督教、印度教、佛教和儒教雜處其間，社會結構十分複雜，政治情況也相對不穩定。

但在總統蘇西洛同意讓東帝汶獨立後，區域糾紛頓時降溫不少，國家逐漸趨於安定。過去五年平均GDP激增將近兩倍（2,000多美元），而且令人意外的是，印尼家庭很少有家電製品這類耐久消費財。例如，在印尼擁有彩色電視的家庭還不到三成，就好像

1960年代的日本正要跨入3C時代，印尼今後的內需市場勢必急遽擴大。

或許有人會認為印尼是島國，市場分散不易攻克，但是印尼約有六成（約1億4,000萬人）的人口都居住在首都雅加達所在的爪哇島，企業只要將重點放在這裡，就可以輕易打入印尼。

事實上，已有幾家日本企業成功登陸印尼這塊「商業新大陸」。例如，本田汽車和山葉機車（YAMAHA）在印尼的銷量都在逐年擴大當中。由於機車是印尼「百姓的腳」，日本大型車商的營業額都一飛沖天，山葉甚至將機車的主力工廠從日本的濱松移往印尼。

此外，還有生活用品大廠嬌聯公司（unicharm）也交出了亮麗成績單。由於日本社會已經進入少子高齡化時代，嬌聯的主力商品，也就是生理用品和嬰兒紙尿布的銷量都在逐年衰退，嬌聯因此轉而積極擴展年輕女性人口眾多的東亞和東南亞市場，由於品質良好，在各國都有不錯的成績。尤其是在國民平均年齡不到三十歲、擁有眾多年輕女性和嬰兒人口的印尼，近三年來的年成長率都增加了50%，目前市占率已超過五成，穩居市場龍頭。近年在日本已經很難聽到成長率高達50%的企業，嬌聯雖然不斷擴建位於雅加達郊外的工廠，但產能依舊不足，只好在附近加購十萬坪土地，擴建工廠，但最讓人驚訝的還是，在印尼嬰兒用的紙尿布竟然比日本還要貴。

在看到這些情況後，前往考察的企業家這才發現「現在還有這樣的國家」。

沒人去的機會更大

在印尼大顯身手的日本企業其實還有很多。例如，大塚製藥在當地生產的「寶礦利水得」，從2004年到2008年平均銷售量都增加了40%以上，像日本這樣四季分明的國家，寶礦利水得只能在夏天熱賣，但印尼位於赤道上，整年都是夏天，加上寶礦力水得能有效恢復疲勞，現在已經成為印尼的國民飲品。由於產量不敷需求，目前正在興建面積廣達10萬平方公尺的第二大廠。

此外，鹿島建設在雅加達市中心進行的亞洲最大都市再開發案「Senayan Square」也於蘇西洛上台後順利展開。這項開發案是由鹿島建設負責興建購物中心、辦公大樓、住宅和飯店混合的商辦大樓，並以四十年租約向印尼政府承租二十公頃土地（約20萬平方公尺），也就是政商合作的BOT開發案（民間興建，營運後轉移模式，Build Operate Tranasfer），在營運回收投資成本之後，便無償交還政府經營。這個計畫從1990年代就已經展開，雖然曾在1997年因亞洲貨幣危機陷入困境，但聽說現在已經開始獲利。

安斯泰來製藥（Astellas Pharma Inc.）在印尼也以每年50%的成長率快速發展。事實上，讓該公司印尼當地法人（P.T.Aastellas Pharma Indonesia）快速成長的正是畢業於我所創建的研究所（Business Breakthrough大學院大學）的學生長岡秋廣。

我曾問他為什麼選擇印尼，他說：「無論是美國、歐洲，還是中國的分公司，都已經有前輩位居要職，我現在去也只能在他們下面工作，留在日本也同樣沒有發展機會，如果想在年輕時就有一番作為，就應該去沒人願意去的國家，於是我就選擇了印尼。」

他在三十六歲那年前往當地剛成立不久的分公司，大約只花了八年就讓公司業績成長數倍，並且順利當上社長，獲得總公司賞識，在 2009 年，也就是 44 歲那年夏天，他更榮升亞洲事業本部的事業企劃部課長。

此外，大塚製藥的印尼當地法人社長板東義弘，也是一進公司就申請前往印尼工作。他因為和印尼研習生感情深厚，希望能一起前往印尼工作，在提出申請不久後，果真獲派印尼，並於四年後順利升任為當地社長。

對日本的企業和年輕人來說，他們兩人是非常值得學習的對象。

到努力一定有回報的地方打拚

少子高齡化使得日本人口逐年減少，企業就算緊抓著國內市場不放，我想也不會有未來，但如果前往像印尼這樣前景看漲的國家，並投入四十年前打入美國市場的雄心大志，相信企業一定能創造亮麗的成長曲線，個人也會有不錯的發展。因為印尼目前3C的普及率仍相當低，市場十分龐大，約是五十年前進入高度成長期日本的三倍。身邊就有這麼一塊前途大好的「商業新大陸」，怎能錯失良機。

更何況印尼人最喜歡的國家是日本（占75%），而且人數還遠遠超過第二名的國家。過去當地雖然曾有反日情節，也發生過反日示威，但現在卻十分親日。對印尼而言，日本不僅是最大的貿易夥伴，也是最大的ODA供應國。

更棒的是，經理級以上的印尼人都會說英語，讓印尼又更具競爭力。大家都知道，英語能力對國際企業非常重要，但中國、泰國和越南都不具備這項條件，語言反而成為印尼最大優勢之一。

前往印尼這類新興國家工作，還可有一展長才的機會。由於總公司不了解當地狀況，通常都是採行放任政策，讓員工放手發揮。在市場逐漸縮小的日本，往往再怎麼努力，也無法獲得對等回報，但在新興國家機會俯拾皆是，就看你是否有企圖心。

敵人也可以是顧客

對日本企業來說，北方的俄羅斯也是一塊巨大的「商業新大陸」。聽到這句話，相信有不少人會說日本和俄羅斯之間還有北方領土的棘手問題，但我認為只要改變思維，換個方法，就可以解決問題，而且最近正好有個好機會。

2009年5月，俄羅斯總理普亭（Vladimir Putin）訪日，就是在為日俄埋下和解的伏筆。當時普亭總理很可能有意交還北方領土中的3.5島（齒舞、色丹、國後3島和20%到25%的擇捉），以此當做訪日的伴手禮。同年2月，首相麻生太郎和俄羅斯總統梅德維傑夫（Dmitry Medvedev），也曾在會談中同意以「獨創且不拘形式的方法」解決問題，其實指的就是此事。俄羅斯應該早已和日本進行過協商，有意仿照中俄國界問題解決紛爭，當年俄羅斯就是提出了「返還黑瞎子島一半領土」，才使延宕多年的問題得以順利解決。

日本也對普亭總理提出的「歸還3.5島」新說法

充滿期待，認為解決北方領土問題有譜，但由於事前走漏風聲，引起國內右派反彈而破局，普亭總理的這趟訪日之行最後算是空手而回。雙方原本打算在同年七月在義大利舉行的G8高峰會中重議此事，結果又因為麻生首相會前的不當發言激怒了俄羅斯，使原本渴望圓滿解決的美夢又再度落空。

我無論是在國際情報雜誌《SAPIO》，還是在《俄羅斯震撼》這本書中都曾提到，對現在的俄羅斯來說，北方四島已經沒有那麼重要，雖然俄羅斯在庫頁島（樺太）進行石油和天然氣探勘的第一和第二期樺太計畫，但千島群島除了靠近軍事要地的堪察加半島之外，也只有在與日本交界之處有防線的軍事問題，北方四島其實對俄羅斯一點用也沒有。但是，領土問題如果不能解決，不僅俄羅斯人民無法順利進住，警備艇等防衛配備也會造成財政上的負擔。

另一方面，對日本的漁民來說，北方領土問題使他們在鄰近海域作業時經常遭到俄羅斯警方逮捕，但正因為有這樣的風險（非法捕撈以及和俄羅斯漁船在海上交換漁獲），也才能有獨占的利益。北方四島一旦成為日本領土，外地的漁民就會相繼進入，收入也會因為資源瓜分而減少，螃蟹和海膽等漁業資源更是會因為濫捕而快速枯竭，對他們來說維持現狀也不是壞事，反而能讓他們繼續享有這片海域的捕撈特權。大家必須了解北方領土問題牽涉廣泛，十分複雜。

我認為日本應該化敵為友，將俄羅斯視為尚未開發的新顧客。從俄羅斯的角度來看，日本這個國家充滿他們想要的東西。例如，對漁民來說，無論是古野電器生產的船舶用電子儀器（雷達、聲納、魚群探測器和GPS等），還是為了深入寒冷的鄂霍次克海捕魚穿著的潛水衣和漁具，只要是日本產品什麼都好。在能源上，他們也非常需要日本的核能技術和鋪設管線所需的無縫鋼管（日本擁有全球最好的技術）。

由於受到前陣子金融海嘯的影響，現在的俄羅斯財政吃緊，普亭總理才會希望和日本進一步建立經貿合作關係。他一定是盤算著不管是歸還兩島，還是3.5島，只要先歸還擋在中間的北方四島，就能盡快締結和平條約，取得日本經濟協助，開發前景可期的遠東地區和西伯利亞處女地。

換一種思考，多一種商機

我認為如果俄羅斯表示要歸還兩島，日本就該接受，並且盡快簽訂和平條約，這才是最實際的解決之道，因為日俄之間還有比北方領土更重要的問題。

先解決兩島，剩下的兩島可以慢慢協商，因為只要簽訂和平條約，加強經濟和文化關係，俄羅斯的態度就會跟著軟化，另外兩島的回歸也就指日可待了。解決北方領土問題其實有許多可以折衝的彈性，但日本外務省卻堅持一次歸還四島，才會使問題一直陷入膠著，無法解決。

我認為對日俄之間最重要的問題是核能。日前普亭總理訪日時，曾與麻生首相簽訂「日俄核能協定」，內容是「確保核物質和核能相關器材和平使用」。事實上，日俄兩國在核能的合作上，不僅是對兩國本身，對世界也有極大的好處。對俄羅斯來說，這項合作可以讓他們停止使用老舊、危險、結構有問題的車諾比型核子反應爐（黑鉛減速沸騰輕水壓力管型反應爐），改採日本製的加壓水型輕水爐（PWR）或沸騰水型反應爐（BWR）。這對日本東芝、日立製造所和三菱重工這些核電大廠都是不可多得的大商機。根據估計，今後俄羅斯若要生產1,200兆瓦的核電量，還需要30座反應爐（總金額相當於15兆日圓）才足以支應。

此外，俄羅斯如果與正在進行鈽熱計畫（讓一般的核能發電廠使用混合鈽和鈾的MOX燃料）的日本合作，將能促使俄羅斯廢除核武。有消息指出，俄羅斯目前還有約3,900發核彈頭，其實只要熔解當中由鈾、鈽製造成MOX燃料，就能用於核能發電。美國目前總發電量中約有20%是核能發電，但其中的20%，也就是總發電量的4%所使用的燃料，是提煉自俄羅斯的核子彈頭。美國不愁沒有核燃料，這全是因為和平考量才這麼做。

一般製造核燃料時必須將鈾濃縮，但因為核子武器使用的鈾濃度原本就很高，所以可以省略這道手續，直接用做MOX燃料。而且，如果這個做法真的可行，鈾將取之不竭，大概可用上一百年，未來更沒必要再以鈾礦製造核燃料，其實美俄兩國在冷戰時代都暗地裡進行這項角力。

換句話說，只要日俄兩國聯手「和平利用」核武，核燃料就能順利回收再利用。

一次談判帶來三種好生意

其實從日本企業的角度來說，與俄羅斯走得近還有其他好處。首先是關於製造核電燃料的鈾濃縮。日本的核電廠商一直致力出口成套設備和設計概念，但因為核電廠如果沒有燃料就不能發電，因此有意興建核電廠的國家，都希望廠商提供成套的發電和鈾濃縮技術，但日本國內濃縮鈾的能力有限，就連MOX燃料目前也是委由法國製造，這個問題可以藉由與俄羅斯合作獲得解決。

俄羅斯原本就是「濃縮鈾的大國」，其存量高達全球四成。若按照「日俄核能協定」，日本核電廠商將可使用俄羅斯的濃縮鈾，並提供成套的發電和濃縮鈾生產技術。加上日本國內至今仍十分排斥核能發電，使得電力公司在興建新發電廠上吃盡苦頭，我認為日本不如在庫頁島，也就是俄羅斯遠東地區和西伯利亞，大量興建日本專用的核能發電廠，然後再透過海底電纜傳輸電力，雖然可能會損失些許電力，但這個做法不僅方便，成本也較低。

此外，還可以利用俄國廣大的領土來處理核廢料。目前日本最棘手的核能問題就是核廢料的儲存。核廢料必須儲存在長 5 到 6 公尺，直徑 2 到 3 公尺的圓桶型金屬容器中，而且必須存放五十年，才能完全冷卻再利用。但因為不易取得地方政府的同意，因此日本目前沒有核廢料的暫時儲存設施，只能存放於反應爐中的暫存區。而且就算啟動青森縣的六個工廠，日本也只能處理一成的核廢料。

日本可以與俄羅斯協商，開放日本在西伯利亞永凍土上興建核廢料的暫時儲存設施和再處理工廠。和日本不同，俄羅斯完全不需要與當地政府和居民達成協議，更何況當地幾乎都是方圓五十公里無人居住的地方。

不過，日俄之間若不解決北方領土問題，簽訂「和平條約」，這些事都不可能發生，畢竟日本不可能將核燃料交給「敵國」。相反的，如果日俄之間簽訂和平條約，建立互惠關係，讓俄羅斯也成為如同日本的安全地區，所有核能問題就能迎刃而解。

敗者不必為劣者

日俄關係緊密不只對核能產業有好處，由於俄羅斯非常需要日本的技術和零件，恰巧現在有許多業績不振，股價貶值的日本企業，就算是表現不錯的公司，也有不少必須關閉的賠錢部門，我認為可以讓俄羅斯收購這些公司和部門。

因為俄羅斯的民生產業十分落後，無論是輕工業，還是重工業，企業的專業技術和生產設備都還停留在五十年前的日本。在日本即使是競爭力較差的公司或部門，其技術、商品開發、零件調度和人才都不比成績亮麗的優秀企業遜色，甚至在全球市場也有極高的水準，也就是「敗者不必為劣者」的道理，俄羅斯現在根本沒有像樣的公司。我相信只要憑藉日本企業的力量，就可以輕易重振俄國企業。因為對俄羅斯人來說，落榜的日本小姐還是美若天仙。

俄羅斯的汽車製造商GAZ與加拿大的大型汽車零件商馬格納（Magna），目前正企圖向俄羅斯最大的公營銀行，也就是俄羅斯聯邦儲蓄銀行（Savings Bank of the Russian Federation）申請融資，打算併購通用汽車（GM）旗下的歐寶。雖然歐寶最後選擇自力救濟，但從這項舉動來看，日本若有企業表達出售意願，我相信俄羅斯的企業應該會立即出手。雖然全球金融危機導致俄國企業目前也缺乏資金，但只要由日本銀行提供融資，問題就能迎刃而解。

這對被併購的日本企業也有很大的好處。因為日本的敗將，一定能在俄羅斯大顯身手，我雖然不清楚日本的技術人員是否能獲派到俄羅斯協助企業重整，但與其在日本國內坐以待斃，到俄羅斯打拚一定更有前途，一切端看個人想法。

雙贏才是好策略

只要採用我的建議，我相信俄羅斯一定能成為日本無可取代的商業夥伴。日本企業如果能在擁有1億4,200萬人口的俄羅斯站穩腳步，一方面可以擴大市場，一方面也可經由俄羅斯打入歐盟，最重要的是，現在與俄羅斯合作，正是「抗韓打中」的最好時機。

總之，經濟合作對日俄兩國在各個領域都是雙贏，我相信在日俄合作之下，一定能創造出商機無限的「新大陸」，日本必須了解這點，盡快與俄羅斯簽訂友好關係。在軍事上，美日間簽有美日安保條約，我認為日俄應該以經濟為主軸，建構所謂的「日俄商業安保條約」。

反觀在 2009 年 6 月訪問俄羅斯的中國國家主席胡錦濤，在很短的時間內便與俄國談妥包括核能在內的 1,000 億美元經貿合作計畫，並展開貨幣協商，這就是只要拋棄成見，什麼事都好談的最好例子，我總覺得中俄經貿合作這件事，彷彿是在嘲笑始終拘泥北方領土問題的日本。

政權自從由自民黨轉移至民主黨之後，日俄關係不僅沒有起色，甚至還陷入膠著。我衷心希望日本能出現一位站在「商業新大陸」的觀點，重新審視日俄經貿問題的領導人。

別人不要的可能是鑽石

過去曾為蘇聯同盟國之一的烏克蘭，也是個非常有魅力的國家，雖然現在的烏克蘭在經濟上和政治上都極為混亂。

政經混亂是因為雷曼兄弟倒閉引發的全球金融危機，讓資金紛紛從新興國家撤離，烏克蘭的經濟也因此急速惡化，被迫接受IMF（國際貨幣基金）的緊急支援。此外，意識型態對立的烏克蘭，傳統上東半部親俄，西半部親歐，政壇也一分為二，時而親俄派獲勝，時而親歐派獲勝，政治狀況相當不穩。原本有意組成聯合政府的「親歐派」總統維克托尤先科（Viktor Yushchenko），也因與總理尤利婭·季莫申科（Yulia Tymoshenko）失和而解散國會，兩人在2010 年的總統大選中互相攻擊，最後讓「親俄派」的亞努科維奇（Viktor Yanukovich）漁翁得利，贏得大選。

即使如此，我還是認為烏克蘭十分值得冒險，理由有幾個。首先是烏克蘭面積廣大，約 60 萬 3,700 平方公里，為日本的 1.6 倍，在歐洲僅次於俄羅斯。人口4,580萬人，也是舊蘇聯獨立國協中僅次於俄羅斯的國家（目前為準加盟國）。由於擁有全球最豐富的鐵礦，以及聞名全球的頓涅茨克（Donetsk）煤礦，從舊蘇聯時代就是鋼鐵、機械、武器和化學的重工業地帶，具有穩固的產業基礎和優秀人才。IT 產業的水準也和俄羅斯並駕齊驅，不只是美國，世界各國的 IT 企業都在此設立分公司，再加上勞動成本低廉，勞工月薪只要 3 萬到 5 萬日圓，就連知識密集的 IT 產業也只要 7 萬到 8 萬日圓。

其中最吸引我的是「農業」。烏克蘭擁有世界最肥沃的黑鈣土，而且不像澳洲，土地雖然肥沃，但有缺水問題，烏克蘭境內有水量豐沛的第聶伯河流經，耕作條件極佳，堪稱世界少見，因此在舊蘇聯時代即有世界穀倉的美喻。

但是，現在這個穀倉已經連影子都看不到了，榮景早已隨風而逝。我曾兩度前往烏克蘭視察農地，放眼所及盡是一片荒涼，奇怪之餘，在前往拜訪烏克蘭農業省時，才從次長口中問得，原來1991年蘇聯瓦解，集體農場遭到解散，政府下令將農地劃分給農民，但農民因缺乏資金和經營能力，只能從事家庭菜園的零細農業。加上烏克蘭沒有資金，外國人又無法購買農地，多餘的土地只好任其荒蕪。但是，那時出現了一位眼光獨具的英國創業家李查・史賓克斯（Richard Spinks），他正是縱橫這塊「商業新大陸」的拓荒達人。

創業要能四海為家

史賓克斯十二歲就離開英國，四十多歲的他，現在還是一邊遊歷，一邊創業，是個名符其實的「無國界創業家」。他總是選擇在數年內可能加入歐盟的國家創業，在獲利率達到50%、該國加入歐盟後，就轉往下一個準歐盟國創業。

他在到烏克蘭之前，曾在波蘭進口俄羅斯廉價魚貨，把它製成冷凍食品之後，再以高價賣給超市，大賺一筆。但波蘭在 2004 年加入歐盟，他為了尋找新商機，於是前往烏克蘭。他和我一樣，對於烏克蘭農地荒蕪的情形感到不解，在與農民閒聊時發現，可以向農民租借土地來耕種，於是立刻與農民簽約，並以興建學校、醫院和消防署做為回饋，其他村聞訊之後都紛紛找他合作，陸續與他簽訂租約。烏克蘭政府對他主動整頓基礎建設也十分歡迎，因為這些開墾計畫無論是對農民，還是政府，都有益無害。截至目前為止，與他簽訂租契的農民已有 36 萬人，開墾面積高達 1,000 平方公里，相當於半個東京都。

為了耕種廣大的農地，史賓克斯不僅引進全球最大的聯合收割機等最新農具，還雇用了900名英國士兵。之所以雇用士兵，是因為軍人善於聽命行事，而農耕必須在固定時間種苗、施肥和收成，就好像駕駛戰車一樣，所以最適合士兵。對這些英國士兵來說，如果領一樣的薪水，與其前往伊拉克或阿富汗打仗，還不如在烏克蘭務農還比較安全，所以史賓克斯很快就找齊需要的人。

史賓克斯創立了 Landkom，這家公司最大的競爭力就是無論什麼作物，都可以用世界最低價賣出。以大豆為例，Landkom每艘從黑海奧德薩港出海的貨船，都要裝載 3 萬噸的貨物，如果每噸是250美元，那麼一公斤只要25美分，確實非常便宜。

史賓克斯現在儼然是烏克蘭的「農業大王」，Landkom甚至在英國上市上櫃，他的創業過程簡直就像傳奇故事。後來他又看準生質燃料比穀物有前途，於是離開了Landkom，成立了利用菜籽油製造燃料的公司Alternativa，是個不折不扣的「流浪創業家」。而烏克蘭就是這樣一個充滿商機的地方。

亞努科維奇政府現在正積極向俄羅斯靠攏，不過我認為烏克蘭總有一天會加入歐盟。但因為有喬治亞共和國的前車之鑑，烏克蘭人認為如果操之過急，很可能會引發俄羅斯派兵，因此態度十分謹慎（總人口的17%，也就是800萬人為俄羅斯人）。而且由於烏克蘭曾為舊蘇聯同盟國，所以能以歐盟各國的半價向俄羅斯購買石油和天然氣。不過我認為幾年之後，烏克蘭一定會加入歐盟，日本企業應該在此之前盡早打入烏克蘭市場。

史賓克斯曾說：「在政經穩定的成熟國家市場，已經沒有獲利率超過 10% 的生意了（與前年相比），所以我才會前往尚未加入歐盟、政經不安的國家。只有在這些地方，才有機會創造 50% 的收益。」他的這番話雖然讓日本人耳目一新，但我認為大家最應該記住的是，不冒險就看不到商業新大陸。

除了眼光，還要敢冒險

與烏克蘭交界的羅馬尼亞更是不能忽略的大好市場。2008年以前，羅馬尼亞的經濟成長率都維持在7%左右，成績十分不錯，但在雷曼兄弟事件後卻快速下跌，2009年甚至呈現負成長，雖然經濟情況十分艱難，但仍展現出新興國家堅忍的鬥志。

羅馬尼亞面積約23萬8,000平方公里，相當於日本本州，人口2,150萬人，但有600萬人居住在國外。共產主義時代因為壽西斯古（Nicolae Ceauşescu）的獨裁統治，使得經濟蕭條，財政困難，百姓只好前往法國、義大利、西班牙和美國打工討生活，再將所得匯回國內供養家人，是標準的「勞力輸出國」。1989年爆發革命，壽西斯古被公開槍決，成為民主國家後，經濟還是一蹶不振，不過在加入歐盟後經濟就突飛猛進，大幅成長。

2007年1月，羅馬尼亞與保加利亞同時加入歐盟。因為只要成為歐盟成員，位於布魯塞爾的歐盟本部就會針對相對貧窮的會員國，給予基礎建設和生活補助（類似日本的地方交付稅），以縮短彼此的差距。羅馬尼亞因此每年獲得 4 億日圓的補助，五年2兆日圓，也因此吸引外資湧入投資。

最大的受惠者是在羅馬尼亞加入歐盟前、從奧地利、希臘、土耳其和義大利等地前往當地的企業家和創業者。在社會主義計畫經濟瓦解、國營企業轉為民營企業之際，羅馬尼亞政府因為缺乏資金，只好拋售國營企業，趁機買入國銀企業的外資和大肆收購低價土地的創業家，都因羅馬尼亞加入歐盟，輕鬆賺進大把鈔票。

以前十大銀行為例，包括希臘阿爾發銀行（Alpha Bank），羅馬尼亞半數以上的銀行都是外資，最大的石油公司是奧地利的企業，建設營造業也是由土耳其最大的承包商安科集團囊括大半市場。

此外，我的一位希臘友人在2005年，以大約7,000萬日圓買下位於首都布加勒斯特的購物中心，並引進NIKE和DKNY等知名品牌，一開幕就造成轟動，大受歡迎。2007年夏天，也就是羅馬尼亞加入歐盟的那年，他以4億日圓賣出經營權，讓7,000萬日圓在短短兩年內增加將近60倍。

從英國創業家史賓克斯的創業模式來看，目前要在歐洲有所斬獲，關鍵在於搶先前往即將加入歐盟的國家投資，並且在該國加入歐盟後立刻賣出，這也表示勇於冒險的人才有機會贏得勝利。當然在希臘發生信貸危機之後，判斷「國家風險」的因素（主權風險或政府和中央銀行的信用風險）又再度受到重視。不過，那些認為現在正是「進場」時機的人，都在虎視眈眈盯著這些危機四伏的國家，我想「商業新大陸」不只存在網路世界，也在歐盟和非歐盟國之間風起雲湧。

餐桌上現商機

隨著羅馬尼亞加入歐盟後，歐盟先進國家都出現極大的心理變化，那就是「恐中」和「依中」心態逐漸消失。這是因為羅馬尼亞的勞工月薪只要3萬日圓，而且有超過2,000萬的勞動人口，加上那些在海外打工、懂外語的人今後也會陸續返國，大大提高了羅馬尼亞整體的競爭基礎。也就是說，企業如果能在這個人事成本低廉、勞動力豐富的歐盟國家生產製造，免關稅的優惠，就會讓他們不需要再像過去那樣依賴中國，這對在歐盟推展事業的國際企業都有各種好處。

也因此，歐盟會員國都相繼將工廠從西歐遷往羅馬尼亞，例如，行動電話製造商NOKIA就關閉原本位於德國的六千名員工大廠，轉往羅馬尼亞興建大廠。前進羅馬尼亞最著名的日本企業，就是軸承生產集團JTEKT（原光洋精工）。2004年，會長井上博司還曾受封國家勳章。在羅馬尼亞加入歐盟後，日本電動工具商牧田機械的一位當地員工表示：「未來雖然中國還是十分重要，但要輸往歐洲的產品最好就近在羅馬尼亞生產」。但除了JTEKT和牧田機械之外，卻不見其他日本企業出現當地，之後雖陸續有JT等日本企業前往設廠，但最多公司選擇的國家還是韓國，其次是中國，第三則是印度。日本對於前進這塊位於歐盟外緣的「商業新大陸」，完全落後其他國家。

由於羅馬尼亞才剛開始發展，如果以區域區分，今後將出現三種發展可能性。首先，布加勒斯特是教育程度較高的學術都市，能夠吸引知識密集產業前來設廠；其次是以吸血鬼德古拉伯爵（Draqula）聞名、位於西北部的外西凡尼亞（Transylvania）地區。這個區域不僅擁有像NOKIA這樣員工人數高達數千人的工廠，也有好幾個生產成本低廉、不輸中國的城市，而且還有世界遺產多瑙河三角洲。這塊位於羅馬尼亞和烏克蘭交界的多瑙河三角洲，是歐洲最大的三角洲，自然環境還沒遭到人為破壞。在這塊擁有無數湖泊和沼澤的廣大溼地中，有超過四十五種淡水魚和三百種鳥類，而且每年都會有數百萬隻候鳥從世界各地飛來此地聚集，非常適合發展生態旅遊，我相信今後一定會受到全球矚目。

更何況羅馬尼亞的農畜產品不僅味美，而且價格低廉。我曾參觀過當地的葡萄酒工廠，並在其附設餐廳享用中餐，當時吃到的肉和蔬菜讓我到現在都還回味無窮。

其中最超乎我預期的是紅酒，每瓶售價只要五百日圓，日本雖然也有價錢相當的紅酒，但味道完全不能相提並論，甚至絲毫不遜於義大利的高級葡萄酒，不僅味道醇厚，而且質地溫潤。我認為不只紅酒，羅亞尼亞的農畜產品都非常具有國際競爭力，加上羅馬尼亞政府極少干預外資，外資的運作空間非常大。根據阿爾發銀行投資部門表示，目前有不少有趣的投資案都在洽談中，許多投資家都想到羅馬尼亞投石問路。這個國家的魅力讓我如果再年輕幾歲都想去創業。

丟棄偏見機會湧現

企業在前進新的海外市場時，員工的想法和觀念非常重要。前往國外工作，一開始就必須相信「當地的同事一定比自己優秀」，這樣才能夠以當地人的角度掌握工作上的問題。

但多數日本人外派國外時，往往是透過日籍前輩的角度觀察當地員工，很容易一開始就有偏見，或先入為主地認為：「這裡的人真是搞不懂狀況，一定得好好訓練這些人」。對方當然也會感到不被信任，關係始終無法和諧。

但如果當地員工真的不優秀，又是為什麼呢？我認為原因可能有二，一是因為雇用了不優秀的人才，另一個是因為公司並未針對當地人員舉辦正式的人才招募活動或人才訓練。如果用當地員工比較優秀的看法看待每件事，我相信就會發現當地員工真的不比日本人差。

談到拋棄偏見，就讓我想起前陣子滑冰選手淺田真央和韓國的金妍兒，在溫哥華冬季奧運女子花式溜冰中的那場對決。這場比賽吸引了全日本人的目光，但最後還是由金妍兒獲勝，比賽結束後，好一段時間日本媒體都一面倒地批評裁判沒有肯定勇敢挑戰三迴旋等高難度動作的淺田選手，只偏心追求穩定、走安全路線的金妍兒。其實我在比賽前一天就已經改變心態，決定改挺金妍兒。身為日本人的我，當然認為淺田真央是位優秀的滑冰好手，也是我最喜歡的選手，但我捨棄這些先入為主的觀念，決定站在金妍兒的角度觀看兩人演出，於是就清楚看出金妍兒的表演更勝一籌。

企業在展開全球化時，最重要的也是拋棄成見或偏見。事實上，日本企業現在要走入國際也比以前困難許多，因為現在願意前往國外，尤其是發展快速的新興國家或發展中國家的年輕人愈來愈少了。我認為每個人在前往當地工作前，都必須先徹底改變原來根深蒂固的思考模式。

第四章｜潛在金礦

創意的技術

只要在開發商品之初，釐清目的為何，就能夠找到有效策略和解決之道，但多數人都不懂得用這種方式思考，始終走錯方向，不是只聽前人意見，因循舊規，就是在過去的軌道上求變，若想破除這些思考舊習，就必須學會策略的自由度。

思考有技術，創意有方法

前言曾經提到，前英國首相柴契爾夫人憑一己之力，使英國走出灰暗，她之所以能成功，關鍵在於借用了外國的力量。那麼，日本要如何才能使消沉多年的社會為之一變呢？

在此我想利用我在《企業參謀》中提到的「策略的自由度」（SDF=Strategic Degrees of Freedom）來為日本經濟把脈，找出復甦之策。所謂策略的自由度就是根據實際問題，找出影響產業或商品成敗關鍵的因素。例如，汽車業的策略自由度是2，因為掌握汽車市場的關鍵有二，一個是人體工學，另一個是煞車裝置，我認為只要利用策略的自由度來發想策略，就會有源源不絕的新創意。

面對一艘即將沉沒的鐵達尼號，二流的企業顧問會認為他們的工作是改變甲板上椅子的排列方式，也就是只看問題的「現象」，不管「原因」，只增減或改善現有情況，甚至直接建議企業主結束事業，或發展其他領域，毫無創新之見。

利用策略的自由度進行發想時，首先必須知道你的「目的為何」。簡單說，就是要先了解顧客想要什麼，思考影響顧客購買的重要因素有哪些。其次是尋找達成目標的方法，找出幾個可行之道（自由度）之後，再從中挑出最具成本效益，讓顧客印象最深刻的方案。

拿生產相機來說，顧客買相機的主要目的是要「拍好照片」，不是買到「更好的性能」，或是「更低的價格」、「酷炫的設計」。那麼，要達到「拍好照片」的目的，有什麼可行之道呢？如果是傳統相機，其自由度包括了鏡頭、焦距、光圈、底片和沖洗，掌握自由度之後，就要思考需要調整其中哪一項，才能以最低成本拍出最好的照片。如果是全自動的數位相機，廠商就必須傾力寫出掌握所有拍照關鍵變數的程式。

找答案先弄清目的

我在《企業參謀》的續作《續．企業參謀》中舉出了許多用策略自由度開發出的新商品。有段時間只要到秋葉原的家電量販店，就會看到我參與開發的各種商品。

例如，對電腦廠商來說，最終目的就是「製造出暢銷的個人電腦」。我認為只要能夠製造出輕巧、且攜帶方便的個人電腦，就一定會熱賣。因為當時的個人電腦又大又笨重，無法隨身攜帶。那時康柏電腦（Compaq）雖然將旗下生產的小型電腦稱為可攜式電腦，但因為還是使用CRT（映像管）顯示器，所以不是真正的可攜式電腦，頂多只能說是移動式電腦。

將電腦從移動式轉變為可攜式，是我們當時最大的目標，因此我們不只是要縮小主機，減輕重量，還必須想出不使用CRT顯示器的方法，最後我們開發出結合主機、液晶螢幕和鍵盤的桌上型電腦。

我也曾經參與咖啡機的開發案。對當時的咖啡機廠商來說，最重要的目的當然是「製造能沖泡出美味咖啡的機器」。我在調查自由度時，發現影響咖啡好喝與否的最大因素不是咖啡豆，而是水，也就是無論使用多高級的咖啡豆，只要是用含氯的自來水沖泡，就無法泡出美味香醇的咖啡。

於是我建議廠商在過濾式咖啡壺（讓熱水在內部導管內循環的咖啡萃取機）中增加淨水功能，以去除自來水中的氯氣。此外，我還發現磨豆的時間和咖啡粉的粗細（太粗或太細都無法萃取出美味的咖啡）也是咖啡美味的關鍵，所以我還在過濾器中加裝磨豆機，以便在沖泡前，可以將咖啡豆磨成粗細適中的咖啡粉。結果這款咖啡機不僅市占率暴增，具備淨水功能和磨豆機的過濾式咖啡壺也因此成為世界標準。

從生活中找商機

我還利用策略自由度開發了新藥，不過不是研發費時、且不易取得認可的處方藥，而是可以緩解一般人平常身體不適的常備藥品。方法是請大約500位的員工，紀錄自己一年中身體不適的症狀，例如頭痛、腹痛、扁桃腺炎、宿醉倦勤，或是天冷賴床造成遲到等各種症狀，然後將這些資料依症狀和發生的頻率分門別類詳細整理，再請醫藥專家解釋相關症狀的原因，最後再確認現有的藥物中是否已有治療的藥物。

意外的是，有八成以上的症狀都有藥物可以治療，只不過不屬於藥局可販賣的成藥，因此我們利用組合既有藥物，在短時間內開發出容易取得許可的新藥。這個例子說明了，就算不是開發劃時代的新藥，但熱賣或暢銷的商品就在我們的身邊，只要用對方法。

在開發上述的創意商品時，我只使用了策略自由度的方法。如果開發商品之初，就知道目的為何，絕對能夠找到有效策略和解決之道。但是，多數公司都不懂用這種方式思考，所以始終走錯方向。他們多半只聽前人的意見，因循舊規，一味在過去的軌道上求變，要破除這些舊習，策略的自由度絕對是非常重要，且有效的方法。

如果國家政策也是一種商品

那麼，該如何振興日本的經濟呢？由於自民黨一直都是將政策制定交由官員「全權負責」，因此即使總理換人，政策頂多像是換了包裝紙的禮物，換湯不換藥。

我原本很期待2009年政權交替會讓日本出現氣象一新的大變革，但民主黨政府也只是操弄財務，表面上看似是政治主導的政策規畫，其實也不過是一場欺瞞媒體和百姓的鬧劇，政策基本上和自民黨時代完全沒有兩樣。不僅如此，2010年度預算的一般會計總額，甚至還增加到92.3兆日圓，創下歷史新高，新國債的發行總額也高達44.3兆日圓。

無論是「脫離官僚統治」，還是「從水泥政治轉向人性政治」，這些都不是為政的最終目的，只能說是一種手段。我完全不了解民主黨究竟想做什麼，要讓日本成為一個什麼樣的國家。

我認為如果民主黨政府想要讓日本經濟復甦，就該以策略的自由度擬定國家政策，這個方法曾經讓我在企業策略上締造出無數傲人成績，這個方法一定也能為日本解決許多問題，找到新的出路。

在為日本經濟把脈時，關鍵是要先了解日本並不會突然「暴斃」，因為日本不像美國和希臘，向其他國家大舉借債。美國在柯林頓總統上台後，之所以能夠維持十六年的經濟榮景，就是因為柯林頓向其他國家大量舉債，借他人之力，坐享榮景。他同時還大量發行美鈔和公債這些「未來支票」，所以只要無法向其他國家借得到錢，讓支票兌現（意即美鈔不再被信任，美國公債的等級遭調降），榮景就會立即泡沫，造成經濟結構的危機。

日本的問題和美國並不相同，日本的國債餘額雖然已經突破7,000兆日圓，每個國民的「負債」（官方債務餘額／國債和借入款項合計）也高達700萬日圓，重建岌岌可危的財政確實是當務之急，但日本幾乎沒有外債，國債大部分也是賣給國內銀行、壽險公司、一般保險和退休基金，只有不到6%被賣給其他國家。因此，日本雖然向人民和後代子孫借錢，但日本卻是世界上少數沒有外債的國家，所以就算得花上一段時間才能東山再起，但只要理性、冷靜地擬定經濟政策一定能迎刃而解，完全無須自亂陣腳。

下藥需對症

然而，搞不清楚狀況的日本政府卻拚命實施「緊急經濟對策」，想要以此將無法納入一般年度計畫的不必要支出，納入追加預算或第二次追加預算，才會巧立「緊急對策」這個名目。但問題是，不斷實施緊急經濟對策的結果，就讓1998年427兆日圓的國債一口氣增加到2010年3月的883兆日圓，幾乎整整增加了兩倍。

若以病況比喻現在的日本，會發現日本現在的身體雖然比以前衰弱，但實際上還很健康，只要對症下藥，就能逐步改善體質，恢復元氣。但狀況不至於致命的日本，卻在泡沫經濟瓦解後，進行多次不必要、且無效的緊急手術，使得身體比以前更加虛弱。日本政府一開始就「錯判病症」，最後又找來蒙古大夫治病，讓病情更是雪上加霜。

何況所謂的緊急對策是不在計畫中的方案，所以效果也很有限。例如，如果是需要土地的公共工程，只有北海道或沖繩這種容易取得用地的鄉下地方，才有可能成為緊急經濟對策的施用對象。但是，最需要緊急經濟對策，而且能夠以最少經費、獲得最大效益的應該是大都市，因為大都市人口多，需求也多，加上過去政府一直沒作為，待辦事項自然堆積如山。

例如，現在在東京約有270個「無法開啟的平交道」（交通尖峰時間每小時堵塞超過40分鐘以上的平交道），損壞情形占全國的一半。不僅如此，阪神和淡路等地都因為大地震導致土壤液化，許多地區也都因為道路狹窄，造成消防車無法進入，東京外圍到處可見的低窪地區就更不用說了。我認為只要能夠改善這些問題，東京就能夠成為比現在更舒適、更讓人安心生活的城市，受惠的人當然也最多。但由於東京並非緊急經濟對策的實施對象，這些問題完全未獲改善。總之，政府這個庸醫根本是拚命在病灶外的地方進行緊急手術。

根據前日本銀行總裁福井俊彥表示，泡沫經濟瓦解後，花在以「緊急」為名的經濟對策費用已經高達300兆日圓，金額十分驚人。反觀冰島，重振因雷曼風暴而瓦解的經濟，只用了3兆日圓還不到。而歐巴馬總統的TARP（Troubled Asset Relief Program）不良資產救助計畫也只花了60兆日圓，刺激景氣政策也不過耗費100兆日圓。此外，解決歐洲危機預估頂多也只需要150兆日圓，300兆當然有可能創造更多成效，有德國人甚至建議希臘可以用愛琴海的島嶼與日本達成10兆日圓的援助協議。然而，可笑的是自民黨政府卻將相當於60% GDP的300兆日圓，用在毫無意義的手術，也就是提升景氣效果較小的鄉間公共工程，為什麼呢？那是因為他們選擇從最簡單的地方著手。

要知道為誰、為何而做

美國有個笑話是這麼說的：

有個人晚上走在路上，發現有一個人在街燈下找東西，便問道：

「你在找什麼？」

「錢包！」

「我幫你一起找。」於是兩人拚命找了好一會兒，但就是找不到。

「你確定掉在這裡嗎？」

「不！我不知道掉在哪裡。」

「那你為什麼在這裡找？」

「因為這裡有路燈，比較容易找。」

日本的緊急經濟對策就和這個笑話一樣，也是從容易興建的道路和橋梁開始著手，完全不考量百姓的需求和景氣低迷的原因，將目的和手段混為一談。我原以為2009年政權交替後，情況就會稍加改善，但民主黨的政見也只是一場「浪費公帑的創意比賽」，才會如前面所說的，2010年度的一般會計預算和國債發行總額，雙雙創下歷史新高。

不過仔細想想，這個世界上應該再也找不到像日本這樣經歷連年弊政，將300兆日圓浪費在毫無計畫的事情上，造成國家緩慢的衰退。不過這也表示日本體力未盡，不會輕易陣亡。

日本之所以能展現堅強韌性，其原因在於擁有1,400兆日圓的個人金融資產。即使官員企圖詐騙百姓、侵吞這筆錢，但對其他國家來說，這1,400兆日圓是日本人實實在在的儲蓄，何況日本人並未大幅預支未來。以「團塊世代」（出生於1947年至1949第一次嬰兒潮的世代，人數約800萬人）為例，他們總共擁有80兆日圓的退休金，不過其中的20兆日圓為借款，扣掉之後，手中仍有約60兆日圓的資產。如果再加上個人的存款、年金和人壽保險，早就可以安心退休，享受下半輩子了。這個狀況完全不同於美國人將個人金融資產全數拿來做為購屋或（退休用）別墅抵押品。

也就是說，在外國人的眼裡，日本是「全世界最安定的國家」。原本應該隨泡沫經濟瓦解墜入深淵，但至今還能頑強苟活。2008年，雷曼兄弟倒閉時，日本也沒有像歐美各國發生金融危機，施政不彰雖然導致經濟不景氣、成長趨緩，但也沒有出現社會不安的亂象。這也是為什麼即使日本的國債餘額世界第一，日圓依舊強勢，這全都是基於一個「錯覺」，那就是大家都認為非不得已日本會凍結百姓的資產，而百姓也會同意購買國債。

最大幸福與最小不幸

我認為日本應該趁著還有能力恢復之際，用我提出的策略自由度重新擬定國家未來的方向和政策。為什麼呢？因為這樣才能將經濟的餅做大，讓百姓的生活更多采多姿、更美好（富足且充實的人生）。美好生活的必備條件是安全和安心，但只有安全和安心，還不足以建構美好生活。首相菅直人曾經提出「最小不幸社會」的想法，但這距離美好生活還有十萬八千里遠，如果人民不認為「每一天都很充實」、「人生很快樂」或是「當日本人真好」，就不算是美好的生活。換句話說，安全和安心只是最基本的條件，但政治必須讓每個國民都感到人生很富足、很充實，時時有「I had a good time」的良好感覺。

菅直人完全不了解民主的基礎，或許是因為他年輕時熱衷學生運動，沒有學到民主主義的精神在於「謀取最大多數人的最大幸福」。「最小不幸」根本是共產主義的公社思想，他應該努力推動「以最低的成本提升百姓生活品質」、「徹底瓦解官僚和利益團體」以及「讓人民享受人生」的理念，只要最後再加上「政府會為沒有生存能力者建立安全網」的社會救濟就可以了。

然而，到目前為止，日本政府不曾以此為目標。由於日本從戰後開始一直都是以保障人民基本生活為目標，不曾試圖鼓勵人民追求美好生活。現在世界各國的優秀領導人都將追求美好生活當做施政目標，也有愈來愈多的企業經營者，希望員工不只是為了謀生而工作，而是把公司當做實現自我的地方，在完成公司目標的同時，也能活出自我。我認為日本的執政者也必須以此為目標。

日本人已經開始了解，在泡沫經濟瓦解後的「失落十年」裡，安全和安心的生活並沒有跟著瓦解，雖然景氣低迷、經濟惡劣，但流落街頭、死於非命的人並沒有增加，社會也沒有因為暴動而有任何不穩，堪稱全世界最安全、最少動盪和不滿的國家。多數日本人並非對未來不安，只是茫然無緒，這也是為什麼日本的個人金融資產會從泡沫經濟瓦解後的短短十年內，從1,000億日圓快速暴增至現在的1,400兆日圓。日本政府應該停止像現在這樣一邊向百姓和後代借錢，一邊以緊急經濟對策為名，進行毫無意義的景氣刺激政策，而是應該努力打造超越安全和安心的「美好社會」（每個人也應該以追求美好生活為目標，關於這點結語將有更多探討）。

如果用策略自由度來思考國家政策，並且以「為百姓創造美好生活」為目標，答案和解決之道當然不同。我認為當務之急應該是以占總人口七成的都市為對象，讓城市居民都對生活感到充實，透過都市重建計畫，改善居住環境，縮短通勤時間。

以往之所以無法重建都市，其中一個主要原因是因為土地收購十分困難。以東京的「六本木Hills」為例，光是收購土地就花了十七年，費用也高達

4,000到5,000億日圓，如果是一般公司，應該早就破產了。不過，現在如果是用收購民間土地的方式進行都市重建並不實際。

要重建都市，我認為只能由政府主導「大規模開發計畫」，並列入政府主要施政方針。因為只要民主黨政府採取這個措施，就能夠擴大內需，使日本經濟復甦，這也才是名符其實的一石二鳥之計。

治國也須有創意

不過要達到擴大內需的目的，必須避開三個「邊界條件」。首先是不能繼續加稅。日本的所得稅和法人稅已經是世界數一數二高得嚇人，法人稅率不僅和美國並駕齊驅，所得稅更是世界第一。政府在考慮提高消費稅之前，應該先試圖找出創造財源和減稅的可能方案。

其次是不以稅金做為財源。如同前面提到的，以往的景氣刺激政策，把國債全都當成稅金使用，我認為政府應該停止這種做法，靠自己的力量進行專案融資，這也是其他國家進行再開發計畫時最常使用的方法。

第三是不做沒有其他國家的協助就辦不到的事。所有振興方案基本上都應該以國內的民間資金做為財源，而且只要讓國際知道投資日本能有很好的投資報酬率，資金就會不斷從世界各地蜂擁而至。

我相信一定有人會說：「不加稅、不使用稅金，只利用民間資金重振經濟，有如天方夜譚，真的可行嗎？」答案是絕對可行。過去自民黨政府一直沒這麼做，是因為此舉將會剝奪長期支撐自民黨官僚體系的龐大利益。但不可否認的是，民主黨能否展現魄力，正是考驗他們執政能力的最大試金石。

歷史上所有成功的改革者，都具備了「開發新財源」的智慧。前俄羅斯總統普亭（現任總理）就利用單一稅率制度，一面減稅，一面大幅增加稅收，這個新稅制讓所有的地下經濟無所遁形、一一浮出檯面。我在前面也提到印尼的蘇西洛政府，曾利用不既往溯源的新稅制，使稅收增加了1.5倍。

又或是像台灣的現任總統馬英九，也是因為批判前任總統陳水扁八年任內中國政策封閉保守，導致國內經濟停滯，才獲得百姓支持。由於台灣必須搭上正在直線狂飆的中國經濟順風車，今後的經濟發展是否能如馬英九預期，證明他的遠見（三通／「通訊」、「通航」、「通商」的直接交流），全都要看他的本事。這兩年台灣的經濟成長率都維持在10%，可說是好的開始。

但美國前總統布希和韓國前總統盧武鉉的例子，也告訴大家必須牢記，領導者一個人的失敗，可能將人民帶往錯誤方向，讓國家從此一蹶不振。

一個模式複製無數成功

那麼，日本該如何製造新的財源，擴展經濟呢？

首先必須考慮先進國家中最惡劣的財政狀況。前面曾經提到，截至2010年3月底，日本政府的借貸（國債與借入款合計）總額為883兆日圓，創下歷史新高，將近是2009年度稅收（約37兆日圓）的24倍。包括兒童在內，日本人民目前每人負債693萬日圓，再加上民主黨已經亂了陣腳，開始亂槍打鳥，胡亂實施兒童津貼、高中義務教育以及農民所得補助政策，今後的支出肯定有增無減。民主黨企圖精減預算，利用所謂的「地下寶藏」因應支出，但就算真的行得通，也只是改變有限預算的分配方式，完全無法改善持續超支的財政赤字。

我認為日本絕對有異於其他國家的獨特潛力，能在不使用稅金的情況下，發展經濟，增加稅收，其實只要師法近年快速發展的中國都市就有可能。在中國所有的土地都屬於共產黨，而那些分給農民的土地正是「振興經濟的新財源」。中國政府和自治團體合力以交換土地的方式，接收農民的土地，然後再將接收的土地變更為商業和產業用地，以長達49到74年的租約，租借給民間業者進行開發。由於利差全數進了政府的口袋，使中國政府能在不花稅金的情況下，籌措出都市和產業基礎建設的資金。

這二十年來，中國已經利用這個方法建造出超過180個巨大都市（人口為100萬人以上），完全以不增加財政負擔的方式來發展經濟，百姓也不至於因為重稅而叫苦連天。從另一個角度來看，此舉或許有壓榨農民之嫌，但大多數農民都已經前往都會區工作，所以影響不大。至於分割出售國有地的做法，也可解釋為租借。對於擁有全世界最大土地的共產黨而言，發展經濟的「財源」可說是隨處可得。如果土地因泡沫經濟升值，產生的價差也會成為政府的外快。因此，不加稅就能夠建構社會基礎的關鍵在於「變更土地用途（從農地變更為商業用地）」，產生的新財富可以做大經濟的餅，而這也正是全世界都在霧裡看花的「中國魔術」。

各位或許會認為日本已經沒有這樣的土地，但事實上日本和中國一樣，「能創造財富的土地」比比皆是，這些其實都是官僚一直隱而不宣的「經濟財源」。

有創意就不怕沒財源

對日本來說，其中一大新財源就是大都市的「市街化調整區域」。

所謂的市街化調整區域，是指都市計畫區域中限制市街化的地區，也就是農地和山林。根據這項政策，政府有權力限制這些區域被開發為都市，未經許可任何人都不能興建住宅等建物。區域畫分可以根據每五年實施的基礎調查進行變更，但對農地轉用有嚴格的限制。

這些規定表面上雖是為了避免過度開發，實際上卻是官僚貪污和縱向行政的例子。位於市街化調整區域內、零星分布在都會區的農地，通常很少有農民從事農作，由於無法發展大規模農業，多數地主都希望能拋售，暫時種植不費事的栗樹或梅樹，但其中也有改建成運動場或停車場的情形。

只要是農地，都是農林水產省和合作工會的「領地」。如果轉變成住宅、商業或道路用地，管理權限就會轉往其他單位，原本的既得利益者當然不肯放手。

此外，對於負責開發的地方政府而言，這些區域的開發許可權可說是龐大利益的來源。目前大多數的開發許可，都不是根據都市計畫發照，而是透過陳情取得。限制土地的開發自由，只是徒讓官僚保有發放許可的特權。

大都市四周潛藏許多極具潛力的土地，這也是日本獨有的現象。例如，倫敦是個依照都市計畫推動綠化的城市，所以沒有這樣的土地。但若是單憑官員個人標準，就可任意更改做法，這種愚蠢的開發限制，在國外倒是前所未聞。

若要逐步瓦解特權，只能分批解除調整區域的限制，很難一次進行大規模的都市開發計畫，頂多是興建廉價公寓，但零星的開發方式並不能使資產價值大幅上揚，所以並不能帶來什麼好處。

但如果是將大都市周邊的市街化調整區域有計畫地開發成住宅區或商業用地，不僅可以提高土地價值，增加固定資產稅，讓都市和地區經濟同時發展，住民稅、所得稅和法人稅也會隨之增加。

最重要的是政府可以不花一毛稅金，因為外面的資金會自然湧入，特別是像東京這樣的大都市，民間的建商一定很樂意參與再開發案，為民眾提供優質的居住環境和寬敞的道路。

這個方法可以輕易取得銀行融資，等到計畫實現，產生新的附加價值，就會創造出更可觀的利潤。而土地的所有權人當然也都會跟著受惠，除了失去特權的政府官員和市公所的公務員外，我想沒有任何人會因此感到困擾。

廢墟裡找黃金

第二個「財政泉源」就是灣岸的再開發計畫。東京首都圈的港灣沿岸地區是一連串帶狀的港灣倉庫和工廠，目前幾乎都被棄置不用。臨海的高級地段是過去日本工業化時代的黃金城，我認為只要能夠廢除使用限制，就可以創造巨大財富。

以前我曾提出「灣岸百萬都市的構想」，計畫將千葉縣木更津市的君津到橫濱金澤八景一帶的東京灣沿岸地區，有系統地開發成住宅區、商業用地、學校和公園，創造出人口超越百萬的大都市。

這片臨海地區原為京濱工業區，曾是帶領日本經濟高度成長的要角。目前雖然還是產業重鎮，但由於廠商多已移往中國等新興國家，除了機場四周還留有一些工廠，京濱運河沿岸早已空無一人，昔日的倉庫街也冷冷清清、一片荒涼。

不過，工業化時代的特權還依舊存在這個地區。例如，位於東京豐洲的原石川島播摩重工業（現在的IHI）造船公司（東京第一工廠），和同屬於三井集團的三井不動產，聯手興建了「三井 Shopping Park Urban Dock LaLaport 豐洲」和「Park City豐洲摩天大樓」，但任誰看到這樣的再開發計畫都會充滿疑問。這塊土地雖是私有地，但因為造船公司握有港灣使用特權，才能擁有這塊土地的開發權。但大家試想，如果政府放寬限制，准許一般企業在此興建商業設施或大樓，情況又會如何？那些沒被規劃為再開發區域的土地，以及還沒協商成功的土地就只能任其荒廢，讓開發計畫零零星星地進行。

總之，灣岸地區的再開發計畫絕不可以一區一區單獨進行，即使是在京濱運河沿岸的土地興建大樓，但若四周缺乏學校等生活基礎建設，或是通勤的交通基礎建設，也只會讓該區域變成聯繫不便的「陸上孤島」。因此灣岸地區的再開發計畫，絕對要與地方自治體共同商討整體的變更方式，有系統地整頓生活和交通基礎建設，才能打造出全新的市鎮。

如果能以這樣宏觀的角度進行再開發案，我相信多摩川河口地區以及豐洲、東雲和新木場等地，一定會成為日本首屈一指的住宅區。因為從新木場到銀座只要十分鐘，到大手町也只要二十分鐘，加上地價便宜，房價應該只有汐留或品川的一半不到。

在交通建設方面，由於東京灣岸道路已經完工，接下來就只要讓東京單軌電車（羽田機場至濱松町）延伸至橫濱車站，再利用水上巴士接駁往返京濱運河橫濱站和東京．芝浦之間的乘客，就可以了。

沿海地區大規模再開發案可以說是最能「無中生有」的大財源，事實上世界上已有許多成功的例子，例如，巴爾的摩的內港、舊金山的漁人碼頭、紐約的巴特里公園區和南街碼頭（South Street Seaport），以及倫敦多克蘭的坎納瑞碼頭（Canary Wharf）都是如此。如果以同樣的方式進行，應該能創造出一百個「二十一世紀的田園調布」，而且只要變更土地用途，就可以創造財富，成為第二個驚人的「寶藏」。相反的，如果不放寬限制，就無法挖掘出深藏地底的「大寶藏」，讓東京灣岸留在二十世紀工業化時代，任其凋零、荒廢。

法規裡藏商機

不用花錢的財源不只這些，還可以從建築物的容積率下手。民主黨雖然口口聲聲說「未來將脫離官僚統治」，但官僚濫權卻可從建築基準法中一覽無遺。

容積率其實一點也沒有物理根據，自從關東大地震之後，東京地區就規定了建物的高度上限為31公尺（9層樓建築物），但在1963年時廢除了這項限制，1968年又在高147公尺、36層的霞關摩天樓帶動下，出現了摩天大樓興建潮。這是因為後來發現建物的耐震度只和建築工法有關，與高度沒有太大關係。

儘管如此，日本目前仍依照用途，將容積率嚴格限制在50%至1300%之間。這項限制和市街化調整區域一樣，都是為了保障官僚的特權。事實上，許多大企業和媒體在申請興建計畫時，大多能輕易取得許可，用該區無法通過的容積率計算高度。例如，大阪朝日新聞社改建時，在拿出「特區」的殺手鐧之後，竟使容積率從原來的1000%一下子提高到1600%。大家為什麼不說「如果能這樣，為何不乾脆把整個國家都當成特區好了」呢？這個例子說明了政府根本不敢拂逆朝日新聞，真是可笑至極。

日本政府應該盡快廢除這些可鬆可緊的規定，讓大都市也能和其他國家一樣，只要在建築上和物理上安全無虞，就讓建築朝高機能、高密度、高樓層發展。如果要讓法規更符合地域性，可以直接將法規和容積率交由地方政府決定，當然地方也必須想辦法改善街道和景觀。

只要大幅放寬整個地區的容積率，並且以二十年為期，短暫鬆綁確保建物日照的「斜線限制」和「陰影管制」，便能讓高樓層建築快速增加。如果將目前的容積率從100放寬至300，容積率和地上所有權就會憑空增加200，創造出新資產，如此一來，不僅能讓原本居住其中的人免費取得更安全、更舒適的住宅，憑空增加的容積率，也可以開放買賣，成為開發大都市的資金。

也就是說，長期被限制的「市街化調整區域」、「灣岸地區」和「容積率」，是「國民美好生活」的策略自由度。至於開放三大限制後，地方政府只要發行債券（如「大田區債」、「江東區債」或「江戶川區債」等），就能募集到開發案所需的整建費用，完全不需任何一毛稅金。如果債券的年利率為3%到4%，依照不同的容積率應該可以達到7%到8%，不要說是日本的郵政儲金或定存的個人金融資產，就連其他國家的人也會想購買，透過吸引「外部經濟」振興國內經濟就可不花稅金。

做大事不一定要花大錢

要如何開發出能創造財富的土地，完全得看領導人的能耐。但是要想力抗官僚勢力，阻止濫墾、濫建，就需要強大的政治力。中國之所以能夠進行都市開發計畫，就是因為市長擁有極大的權限。中國不像日本，縣政府和國家會批評都市的開發計畫，或是提供資金，地方也不會依賴國家、逃避責任。每位市長都是靠自己的才華和權力促成開發案，成功就會獲得讚美，失敗就必須下台負責。

反觀日本，地方政府無論做什麼事，都要經過國家同意。例如，前首相細川護熙就曾提到他在擔任熊本縣知事時，為了將國道上的公車站移動二十公尺，數度前往東京與建設省交涉。此外，大阪市為了在國道御堂筋步道上擺設在地雕刻家的作品，市長也是數度前往東京協調。不僅如此，岐阜縣大垣市希望能將車站前的國縣道交會處的十字路口，改為行人專用道，卻遭到政府反對而作罷。

日本應該廢除這類阻撓地方均衡發展的中央集權制，將開發權轉移到市或區（就是民主黨所說的基礎自治體）的手上，這也是讓日本從官僚國家轉變為地方自治國家的第一步。而且，最重要的是今後的都市開發計畫（不是官員插手主導的案子）必須以單純而嚴格的PFI（Private Finance Initiative；活用民間的資金、經營和技術，進行公共設施等的建設、維護管理和營運的方法）來進行。為避免不當開發，即使是大都市，執行單位也必須切割長五百公尺以上的區域，確實打好地基，按區域特性規劃出道路、住宅用地、學校、公園、商業用地和辦公大樓。而地下除了上下水道、通訊、電氣等基礎建設之外，還必須設置緊急糧食和供電設備。

總之不能任由官員妄為，所有規定都必須交由居民決意，包括建物的高度和顏色，只要居民決定想要的街道景觀，行政單位就必須如實執行。

不過，交由居民自行決定，很可能會出現意見分歧，無法產生共識的情形，但這並無阻地方發展，大家不需統一步調，想從哪裡開始，就從哪裡開始。只要有地方政府成功打造出美麗城市，其他地方就會起而效尤，互相較勁，進而提升居住環境。

百姓最希望的不是政府花大筆稅金追求「國家均衡發展」，而是期盼在尚未打造出安全、舒適社區的日本，能夠盡快創造出第一個不花錢的成功範例。只要能夠打造出這樣的社區，各地就會展開競爭，不再像過去只是等待國家為地方做事。這場「各自努力用低成本創造美好生活」的競賽已經開跑，這也才是地方自治的真意。

總之，地方真正的寶藏是當地獨有的「權限」，如果民主黨真的想要脫離官僚政治，達到真正的地方自治，就必須敞開心胸，下放權限。

我衷心希望政府能挖掘出埋藏在都市周邊的財富，在不使用稅金、不透過官僚運作下，為人民建立安全無虞的社區，使經濟再度復甦。若是成功，百姓自然會肯定政權交替，以此宣告官僚時代終結。

第五章｜二十年後的競爭力

未來等待的人才

在全球化經濟的影響下，很多國際企業已經逐漸改聘當地優秀人才，就算是國內就業市場，鐵飯碗的工作也逐漸消失，今天與你競爭工作的人，已經不是本國人，而是遠在世界另一端的人才，甚至是有從軍經驗、善於應變的國際人才。

比英語力也比領導力

這幾年日本猛然回頭才發現，鄰近的韓國早已迎頭趕上，許多韓國企業都不斷在全球各地擴張，各個領域都出現了「日韓逆轉」的現象。

2009年，薄型電視全球市占率最高的是三星電子（Samsung），其次是樂金（LG）；而在行動電話上，第二名的三星和第三名的樂金，也正迎頭趕上第一名的諾基亞。其中三星電子2009年的營業額更高達10兆6,800億日圓，創下歷史新高，高居全球電子大廠之冠，合併營收更是達到8,700億日圓，高出全日本各大電子公司2010年第三季營收總額2,300億日圓。

是什麼原因造成了發展驚人的韓國和停滯不前的日本呢？韓國企業為何能讓日本企業望塵莫及呢？我認為最主要的原因是因為日韓兩國的「人才差距」。

我在第一章也曾提到，韓國現在有三星電子前執行長尹鍾龍、現代汽車總裁鄭夢九和樂金電子前執行長南鏞等一流企業家，就連優秀的經理人也比日本多。過去我曾在麥肯錫負責招募美國一流大學畢業生，包括哈佛和史丹佛等名校，如果以1：1的比例來計算，三十年前，日本的留學生明顯比韓國學生優秀，但約從二十年前，也就是1990年開始，就出現極大的變化，我想錄用的韓國人已經開始超過日本人。

最主要的原因在於，韓國人逐漸具備與西方人論辯的英語能力，而且具有領導力的學生也愈來愈多。就拿哈佛大學的「亞洲同學會」來說，韓國人在擔任負責人時所展現出的能力絲毫不遜於歐洲留學生。而且，不只是留學生，首爾國立大學以及我任教的高麗大學和梨花女子大學，現在都在積極培育亞洲未來的領袖人才。整體來說，韓國大學生已經比日本名校的大學生傑出。

一千億買未來競爭力

除了學生的基礎能力之外，為了加速全球化競爭力，韓國企業在培育人才上也比日本企業有遠見、有魄力，其中最具領導地位的就是三星電子。前三星總裁李建熙認為，韓國要在美國市場贏過日本企業，並不容易，所以決定將全球策略轉向新興國家和發展中國家，從1994年就開始積極打入巴西、俄羅斯、印度、中國等金磚四國，正確的判斷加上新興國家蓬勃發展的經濟力道，使得策略奏效，不僅為三星創造了極大獲利，也為三星日後躍上全球舞台打下雄厚的基礎。

此外，三星也在六、七年前建立了社內留學制度，將前景看好的潛力員工派往新興國家和開發中國家受訓。當時三星派遣了三千名員工進入BRICs和BISTA（越南、印尼、南非、土耳其、阿根廷）受訓一年，在不分派職務的情況下，一邊專心學習當地的語言、歷史和文化，一邊建立人脈，希望這批人才有朝一日成為海外分公司的負責人。這個計畫每年耗掉三星將近1,000億日圓，是一筆大膽的先行投資，這和日本企業完全沒有警覺人才培養的重要性，景氣一變差，就率先削減培訓費用，簡直是天壤之別。

就如前面提到的，這些員工的英語能力各個都在TOEIC 920分以上，因為沒有900分就進不了三星電子。日本並沒有像三星這樣的公司，有計畫地外派優秀員工深入新興國家和發展中國家學習，為公司的未來布局。其他的韓國企業即使沒有三星的規模，也都在人才培育上不遺餘力。

人才力決定國力

在這樣的遠見下，韓國現在已經出現日本前所未見的頂尖人才。例如，大阪環球影城的大股東、也是私募基金安博凱（MBK）的董事長金秉奏就是令人豎起拇指稱讚的傑出企業家。安博凱是由金秉奏和凱雷投資集團（Carlyle Group）亞洲區的幾位年輕幹部，於2005年3月共同成立的企業收購基金，目前已從全球投資家手中募得3,000億日圓的資金，金秉奏不僅在投資說明會上表現優異，也負責操作全球標準最嚴格的加拿大年金基金，以及北歐和中東產油國等投資，是位能力極佳的新生代企業家。從他最近的表現看來，這家公司前途一定不可限量。

不只是企業，韓國政府也積極晉用三星、樂金和現代汽車出身的國際化人才，韓國的政府官員已有愈來愈高的比例來自民間企業，韓國總統李明博過去也曾擔任現代建設的董事長，關於這點後面會有詳細說明。不僅如此，官員和大學教授到民間企業工作的例子也在逐年增加當中，明顯不同於日本，韓國「官民」之間的人才交流十分頻繁。優秀的留美人才現在也都陸續在企業和政府嶄露頭角、擔任要職，例如，現任聯合國祕書長潘基文就是韓國出身的精英。

二十一世紀是「人才力決定國力」的時代，一國的國力完全要看擁有多少人才，人口多並不代表國力強盛，我想只要是看過溫哥華冬季奧運和足球賽的人，都能隱約感覺到日本的人才力早已遠遠落後韓國。我也相信今後日韓企業在全球市場上的差距，特別是新興國家和發展中國家的市占率，只會拉大，不會縮小。

有趣的是，韓國看似團結，但其實是罕見的「分裂國家」。根據我的觀察，在韓國想出國的年輕人比比皆是，移民其他國家的人數也遠多於日本，企業、工會、政治人物和媒體更是經常相互抨擊，區域對立可說十分嚴重。如此鬆散的韓國為何能夠突飛猛進，站上國際？我認為與韓國這十年和二十年的國土規劃有極大的關係。

中老年人也要具備IT力

最近幾年韓國人之所以在國際上大放異彩，前總統金大中可說功不可沒。1997年亞洲金融風暴時，韓國曾被迫接受IMF（國際貨幣基金）的管控，隔年1998年金大中總統就任，為了避免重蹈覆轍，金大中力推兩大「國家政策」。其中一個是全力推動全球化經濟政策。他一方面致力開放國內市場，一方面採用美式的經濟政策和企業管理模式，由於當時國際上都認為日本已經沒落，不再值得學習，主要留學國也從日本轉為美國，留美人才現在不論是在韓國政府，還是企業都備受重用。

在美國化的過程中，韓國人的英語能力也跟著大幅提升。由於三星和現代汽車等大企業，都將英語列為聘用和升等的必備條件，所以當時韓國興起了英語學習熱。例如，這股熱潮使得駐韓美軍的妻子大受歡迎，許多美軍人妻都在基地附近的咖啡廳兼差教授國高、中英語，引起注重升學的韓國家長注意，造成韓國的「英語會話咖啡廳」如雨後春筍般地林立街頭。過去韓國人的英語大幅落後北歐等非英語系國家，如今卻是國際學習能力評比排行榜中的常勝軍。

其次是金大中的IT政策。金大中曾宣示二十一世紀韓國將以IT（即知識附加價值）立國，徹底貫徹IT計畫。與日本不同，日本的IT政策只深入年輕人，韓國則是老中青三代同步進行，許多韓國人都深恐缺乏IT技術而失業，所以就連對資訊科技陌生的中老年世代都跟著拚命學習，韓國的中老年也因此成為世界上少數善用電腦和網路的一群，IT滲透率高居全球之冠。

由於從四十到五十歲開始IT化的人，現在都已經成為公司的主力戰將（五十至五十五歲）。再加上不會英語就無法升官，贏得下屬尊重，所以每個人的英語都非常流利。

我從以前就不斷強調二十一世紀的經理人必須具備「英語」、「IT」和「財務」三種能力，而韓國則是舉國致力提升其中兩項。由於韓元貶值有利出口，再加上韓國企業早早瞄準金磚四國等新興國家市場，因此近年在新興國家都大有斬獲，屢創佳績。我們或許可以說韓國是僥倖搭上新興國家的順風車，但那是否也是金大中十年前的遠見，才有今天豐碩的果實。

要魄力，更要格局

日韓兩國除了在經營者、經理人和體育選手上出現人才差距，政界的人才落差也十分明顯。提倡東亞共同體的前日本首相鳩山由紀夫，出身大學教授，不僅完全不懂經濟和企業經營，也缺乏領導能力，始終無法帶領日本走出景氣低迷。我常說：「一個國家的領導人和政黨必須具備企業家的觀點」，但鳩山由紀夫和民主黨明顯欠缺，其後上台的首相菅直人，更是提出小家子氣的「最小不幸社會」的政治訴求，與韓國的「站上世界、一決勝負」的雄心形成強烈對比。

韓國總統李明博不愧是企業家出身，在首爾市長任內就對經濟有深刻了解，而且他那不屈不撓的領導風格更是直得讚許。他曾擔任過現代建設的社長，當時他以成本競爭力為武器，帶領現代建設與各國企業競爭，奪下亞太和中東地區多起高難度的工程開發案。即使是環境惡劣到連日本企業都畏縮不前的地區，現代建設還是排除萬難地將機械和工人「人機一體」地送往當地，可說是一家韌性極強的公司。由於他曾在企業前線經歷許多殘酷的考驗，身經百戰、天不怕地不怕，練就一通電話就能和各國重要人士協商的本領。

李明博剛上台時，曾因美國牛肉的進口問題和跳票的「747政策」（達成每年7%的經濟成長率、國民所得四萬美元和名列世界七大經濟大國）遭到民眾示威抗議，「朝鮮半島大運河構想」（以運河連結流經韓國北部的漢江與南部的洛東江，以水路串聯首爾和釜山的構想）和遷都計畫也因故擱置，一籌莫展，這些事件導致他的支持率一度迅速下滑，陷入領導危機，但全球金融風暴後，韓國經濟迅速復甦，他的支持率才又回到40%左右。

2010年11月G20（20個國家和地區）的領袖會議預定在首爾召開，但同時橫濱也將召開APEC（亞太經濟合作）會議，日韓兩國為了兩場會議的時間，展開激烈的外交攻防戰，這是因為後召開者將被前者搶走風采，失去媒體關注焦點，李明博在借請美國總統歐巴馬出面調停後勝出，爭取到G20在11月11日召開，APEC在13和14日舉行。由這個外交小插曲不難看出兩國在勢力和領導力上的差距。

不過，我認為韓國的好光景應該維持不了十年。韓國經濟目前正進入良性循環的第五年，長期來看，美國化政策最後反而會成為韓國的弱點，這是因為韓國的產業幾乎沒有一個是在長期耕耘下打下穩固基礎，中小企業總是對大企業唯命是從，產業基礎薄弱，不像日本的機械或零件業都是一步一腳印地累積實力，因此體質與衰退的美國產業一模一樣。

再加上韓國少子化的情況比日本嚴重，問題很快就會浮上檯面。例如，2008年韓國的總生育率（表示每位婦女一生生育子女數的指標）只有1.19，日本則是1.37。如果未來韓國的平均GDP和技術水準趕上日本，百姓也因富裕生活而逐漸鬆懈，我相信韓國將無法避免步上日本後塵，成為衰退國家。

話雖如此，日本在「人才力」上還是有許多地方必須向韓國借鏡。民主黨政府一直採行社會民主主義，力主縮短貧富差距，援助弱者，但方向已經漸有偏頗。他們完全忽視了提高個人資質與能力的重要性，不思如何培養與世界各國匹敵的人才，如此怎能彌補與韓國之間的人才差距，這樣的差距很快就會直接影響日本企業的全球競爭力，間接造成嚴重的社會問題。

要提高人才力，我認為必須先從大學教育開始進行改革。最好的辦法是，定出名校TOEIC 800分以上的入學門檻，如此高中系統就會跟著改變，然後向下延伸影響國中和國小教育。韓國也是在改革大學入學方式的十年後，才培育出各界優秀的將才，最重要的是，這樣的教育政策也使家長的觀念跟著改變。日本要是再不進行這樣的教育改革，就會持續萎靡不振，甚至走向衰敗，因為二十一世紀是人才力決定國力的時代。

鐵飯碗再見

目前有不少新聞在在都顯示出日本人才力低落。

根據日本厚生勞動省和文部省公布的數據，2009年大學畢業生的就業率為91.8%，失業情況嚴重僅次於有就業冰河期之稱的2000年，當時曾創下91.1%的歷史新低紀錄。有不少人都認為就業率降低，是因為雷曼金融風暴導致不景氣，但我卻不這麼認為。

在全球化經濟的影響下，日本企業現在在前進海外時，已經逐漸減少聘用不願外派的日本員工，改聘其他國家或當地優秀人才。不僅如此，日本企業聘用正式員工的人數也僅占總員工數的47%，現在大家都對聘用正式員工十分謹慎，因為一旦雇用正式員工，就會降低人員聘雇的彈性。如果改採民主黨所提的「人才派遣法」，那就更容易加快企業招募海外人員的腳步。

每個大學畢業生都希望能擔任正式員工，但現在各大企業的招聘名額都在逐年減少。同病相憐的德國也是如此，企業正式員工的比例只有50%，其中半數以上都必須簽訂限期 5 到 10 年的工作合約。

雖然現在是人人可念大學的年代，但少子化的影響，使得這一代的年輕人從高中就不念書，到了大學更是不念書，完全不具企業要求的能力，現在日本企業根本找不到雇用日本大學生的理由。

雖然媒體因為就業率降至91.8%就大驚小怪，說什麼現在是就業冰河期，一副很同情大學生的樣子，我倒認為還有九成的人能夠就業才令人意外。如果仔細觀察每年的「人氣企業排行榜」，就會發現大學生和企業在想法上有極大的落差。以文科畢業生偏好的前幾大企業來說，其中就有好幾家都是這兩年業績還不錯，但無法確保往後榮景的大企業。一位大學畢業生要成為公司的主力戰將，大約需要二十年，然而，在瞬息萬變的今天，二十年後公司說不一定早已經關門大吉了。

這幾年，餐飲系畢業生對食品公司的偏好明顯提高，理由是這些公司比較不受景氣影響，相對穩定，但問題是日本的食品公司沒有一家能在全球化經濟下打入國際。我實在覺得匪夷所思，現在的大學生和大學教授到底是根據什麼社會認知來挑選公司和工作。

總之，大學生就業率降低，不是因為景氣，而是因為結構性問題。

別當人才不良品

反過來說，大學生最好不要選擇景氣一衰退就減聘員工、景氣好轉再增加人力的企業。因為大學畢業生可能要十或二十年後才能成為主力幹部，那種會以今年景氣判斷公司未來投資的人，通常都是沒遠見、沒魄力的經營者。

無論景氣好壞，公司原本就該根據長期策略進行員工招募，每年掌握必要的員工數。景氣惡化絕對可以適度削減經費，但如果要依照景氣調整聘用員工數，應該是先從具備即戰力的員工下手。由大學生獲得企業內定比例的情況來討論景氣，根本是沒掌握到問題重點。

然而，完全搞不清楚狀況的日本文部省，竟將現在到 2014 年的 5 年定為提高大學生和碩士生「就業力」的提升年，並提供大學就業輔導預算。除了將資金分配給130所國、公、私立大學外，還在500所私立大學聘用就業諮詢人員（曾在企業負責人力資源者，以及擁有民間就業資源相關資格的人），甚至計畫提供預算給將實習（就業體驗）納入畢業學分的大學。

這真是莫名其妙的決定。在大學安排就業諮詢人員等於是要大學雇用人力派遣公司的員工，但在大學生能力尚未提高的情況下，就協助他們就業，根本是為企業製造麻煩，這就好像未經過品管就驗收貨品，製造出電腦業常說的「GIGO」（垃圾進，垃圾出，可讀做GIGO 或GAIGO，garbage in, garbage out，意即不良品）。這樣的費用竟然由國家負擔，簡直愚蠢至極，不僅浪費預算，也毀了企業前途。

我認為文部省這麼做，很可能導致企業用錯人。用錯人將對企業造成雙重打擊，因為用錯人不僅浪費公司人力，還容易使其他優秀員工做起事來礙手礙腳、事倍功半、士氣低迷。

總之，文部省的「就業資源」根本一開始就走錯方向、本末倒置。

人才大戰無國界

文部省的任務原是培育有擔當、有才能的國際人才，說得更明白一點，就是在培育將來出社會後可以一展長才、自力更生的人，這也是文部省唯一的作用，以及國家設立小學、中學、高中、大學和研究所的目的。

事實上，歐美和亞洲先進國家都是以這樣的角度在培育人才。例如，芬蘭和丹麥在思考教育大計時，都會先定義何謂「世界通用的人才」，再根據定義擬定相關政策，從幼稚園開始培養孩子的英語力和領導力。由於政策明確，這兩個國家都逐漸英語化，也吸引了來自各國的優秀留學生，在不同文化的激盪下，學生的能力不僅大幅提升，也因此具備了全球化的國際視野。

反觀日本，就算文部省以高額獎學金吸引亞洲各國學生前來留學，但日本的學生幾乎不與留學生交往，留學生只好與自己國家的學生組成小團體，懷著仇日心情返國。更糟的是，大學教授也不擅與留學生互動，甚至還會因為留學生積極提問，讓他們覺得亞洲學生難以指導。

在經濟高度成長的階段，日本企業可以花一、二十年培訓無法立刻派上用場的年輕員工，但現在已經沒有這樣的空間。如果文部省真的想要協助年輕人就業，就應該專心致力培育世界通用、企業需求的人才，並且徹底重新規劃小學到大學的所有課程，這才是他們真正的「本業」。

這場教育改革不能再拖了，日本已經沒有時間慢慢來，從接下來我要介紹各國企業的人事策略，就會發現這場人才大戰早已進入無國界時代。

有為者四海為家

我認為日本年輕人不只能力日漸低落，而且還愈來愈內向、沮喪、消極。以下是一個饒富趣味的研究數據：

美國哈佛大學校長福斯特（Drew Gilpin Faust）曾經比較該校1999年至2000年與2009至2010年大學和研究所不同國家的留學生人數，發現中國從227人增加到463人，韓國則從183人暴增為314人，日本卻從151人減少為101人（大學僅5人）（《讀賣新聞》2010年3月11日早報）。

與各國相比，過去日本留學生在美國一流大學占壓倒性的多數，我在1960年代後半前往MIT（麻省理工學院）留學時，日本留學生約有150人，那時幾乎沒有中國留學生，韓國學生也不到日本學生的五分之一，但現在情況卻完全逆轉。

此外，大多數的日本企業不只廢除了留學制度，也沒建立因應全球化的晉升管道。反觀事業版圖延伸至世界各地的嬌生（Johnson & Johnson）和雀巢

圖16　不斷減少的日本留學生

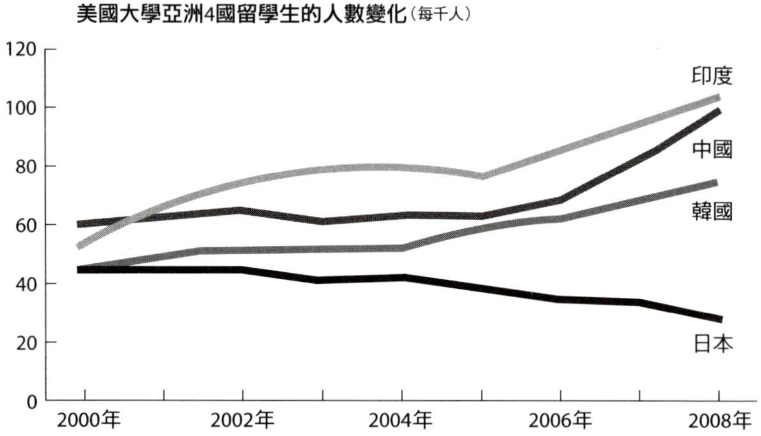

資料來源：Institute of International Education/ The Washington Post, April 11, 2010

（Nestle），都已經在企業內部建立不同語言圈的晉升管道。在英語、西班牙語、中文等語言圈中，也有如同外交官的輪調機制，從年輕時就可以藉由輪調同一語言圈的國家累積資歷。

以雀巢為例，一旦被公司派往國外，就必須經過二十年才可能再調回總公司。員工必須先前往智利、祕魯、阿根廷，最後再調回總公司擔任南美總負責人，這就是雀巢的晉升管道。這個輪調機制是外派員工深入了解南美三大市場的重要管道，透過不同的經驗累積，到了四十歲左右，就可以發展出自己的領導風格。

反觀日本員工，極少有人長期滯留在單一國家或某個語言圈，駐外人員有如每兩、三年換班的「燈塔守護員」，每輪調一次就必須重新學習當地語言，建立新的社群和人際網絡。就拿我的朋友來說，他在總公司和國外分公司之間來來去去無數次，去過墨西哥，也待過英國，目前人在捷克。這種外派方式根本無法培養世界通用的人才，日本的人才就像行動電話一般，有所謂的「加拉巴哥症候群」（譯注：Galapagos syndrome，加拉巴哥群島生物被視「自行進化、離群索居」的代表，後來被用來形容日本手機無法與世界通用的封閉現象）。

戰場上學應變力

相對於不知思變的日本，近年美國企業的策略真是令人耳目一新，他們不再雇用出身一流大學的高材生，因為這些精英通常自視甚高，缺乏冒險犯難的企圖心。那麼，他們從哪裡找人呢？答案是軍隊。

根據美國《財星》（2010年3月號）的報導，近年美國企業界開始積極聘用曾經駐紮伊拉克或阿富汗的年輕軍官，而且不只是軍需產業，還包括AT&T、美國銀行（Bank of America）、沃爾瑪（Wal-Mart）、家庭貨倉（Home Depot）、百事可樂和默克製藥（Merck）等各大領域的企業。

這些企業需要的是大學畢業、年齡介於25至35歲之間，並且能在最前線指揮戰鬥部隊的人才。他們認為這些軍人比起大學畢業就進入企業界的同齡者，更具競爭力，因為他們年輕時就曾領軍戰鬥，擁有面對未知處境的戰場經驗，十分值得投資。

從2008年起便致力開發年輕軍官（直到最近都率領部隊的中尉和大尉階級）的沃爾瑪人資經理表示：「這些人已經具備世界通用的領導特質，只要教會他們何謂零售業就行了。」

奇異董事長兼執行長伊梅特（Jeff Immelt）從以前就積極聘用軍人，員工中每十四人就有一人曾當過兵，全公司共有一萬名以上的員工有過類似經驗，連他都表示：「在發生無法預知的緊急情況時，能夠最早因應的往往是那些受過軍事訓練的年輕精英。」

此外，許多企業都有提供員工進修MBA（企管碩士）課程的機會，而MIT等學校現在也都開設了以軍人為對象的MBA課程。很多一流大學的畢業生在面對可以想見的狀況，都能對答如流，提出合理答案，但在這個瞬息萬變的時代，企業面臨的狀況沒有一樣是可以事先預演的，企業要的是能立即應變，提出正確對策，率領大家作戰的領導人才。一流大學出身的人沒有這樣的應變能力，軍人卻有。

從另一個角度來看，日本的公家機關和大企業之所以會失去昔日的光環，是因為他們並未積極聘用和培育二十一世紀需要的人才。

創業家美國人和公務員日本人

相對於已經將人才調整為「備戰狀態」的美國企業，日本企業甚至尚未就戰鬥位置，當然會日漸衰退。不過，我倒不認為員工必須上過戰場、打過仗，只是想提醒大家，現在在國際上競爭，對手就是這些具有實戰經驗的士兵。

前面在討論日本的就業情況時，忘了提到一個現象，那就是中小企業人才依舊不足，無法吸引名校畢業生。現在雖然有不少有企圖心的中小企業，開始積極招募一流人才，但在日本無論是家長，還是老師，都不鼓勵學生到中小企業工作。反觀美國，哈佛、史丹佛和MIT等一流大學商學院的畢業生，幾乎沒有人選擇到大企業工作，多數人如果不是自行創業，就是到有趣的新行業大展身手。美國一流大學的畢業生根本不在乎「就業內定率」或是「就業率」，因為很多人在畢業前就已經自行創業。不像日本動不動就拿就業率創歷史新低大驚小怪，年輕人只想追求穩定人生，企業當然會業績不振，缺乏競爭力，這和勇於冒險的美國人形成強烈的對比。根據美國《商業周刊》（*BusinessWeek*）的報導，2010年美國的就業率為24.4%、日本為91.8%、中國為70%、英國只有15%，從這些數據就可以看出，只要就業率降低就舉國憂心，甚至還提供補助的日本，是多麼天真的一個國家。全世界的人都知道，年輕的生命原本就充滿挑戰和挫折，大學畢業找不到工作也很正常，我們反而應該從過去日本太過平順的角度來反省人才問題。我認為從現在人事抗爭不斷的大企業來看，想一畢業就找到工作本身就不切實際。

只要家長和老師不拋棄「名校、大企業」的錯誤價值觀，無論日本政府如何推動教育改革，還是不可能培養出世界通用的人才，成為「人才出口國」。相反的，大學生若是希望出社會後能謀得一職，就要在學生時代主動學習全球化經濟下所需的IT技術和專業。

矽谷人脈學

企業該如何度過「人才不足」和「人才差距」的時代呢？我認為關鍵在於積極聘用留日的亞洲留學生。

一般來說，選擇到日本留學的人通常都不是國內最傑出的人才，因為真正優秀的學生都是選擇到美國或英國的一流名校就讀，但比起日本的學生，外國留學生還是優秀得多。

一項調查顯示，有75%的留日學生能夠說三國語言，也就是母語、英語和日語，但要在日本學生中找出會說三國語言的人卻是少之又少。以台灣留學生為例，由於許多學生原本的英語程度就很好，因此不少台灣留學生都是精通中英日三種語言的國際人才，如果是這樣，日本企業就不一定要聘用日本人了。

事實上對現在的企業來說，特別是 IT 產業，全球化的人才關係著企業競爭力的強弱。

2010年3月號的美國《商業周刊》有一則有趣的報導，內容是探討Google延伸出的人脈圖。這張人脈圖呈現了創辦 Twitter 的威廉斯（Evan Wiliams）、史東（Biz Stone）以及 Google 副總裁梅爾（Marissa Mayer）培育出多如繁星的人才（創業家）網絡，這些人成立的兩百家新興行業之間又發展出驚人的人際網絡。此圖清楚呈現了Google自1998年成立，在短短十多年內衍生出眾多公司和服務，這當然和矽谷這個大環境有極大的關係。

雖說創造矽谷的是快捷半導體（Fairchlid Semiconductor），但使它茁壯的卻是惠普（HP），矽谷人才來來去去，但很快就會因為創業再度連結。由於深知總有一天會再度共事，因此矽谷人都十分重視離職後的情感維繫。在矽谷，無數的人脈透過新的邂逅再次組合，各種新興行業也應運而生。

收入落差加大成就落差

企業人才落差的問題，也可能影響到國家的土地規劃。

民主黨政府終於在2009年的政見中，提出人民期待以久的「兒童津貼」和「免費高中教育」等教育政策，內容是關於「改善因經濟無法接受足夠教育者的受教權」，希望讓所有兒童都有公平受教的機會。

另一方面，有一份調查顯示，「家長的年收入愈高，小孩考上大學的比例就愈高」，這項結果像是在為民主黨的教育政策提出有力證據。東京大學的大學經營暨政策中心，曾經針對4,000名高中三年級學生追蹤三年，調查結果顯示，父母年薪未滿200萬日圓者，其小孩就讀四年制大學的比例僅28.2%，但隨著收入增加，升學率也跟著提高，年收超過1,200萬日圓者，小孩的升學率則高達62.8%。報導此事的《朝日新聞》（2009年7月31日早報）也表示：「兒童受教狀況和升學率確實受到家長所得影響，形成社會上極大的教育落差。」。

雖然教育機會人人平等，但不可否認「教育落差」確實存在每個國家。例如，在中國，出身農村的人除非是天才或神童，否則一般都進不了都市名校就讀，交通本身就是一大限制。至於印度，階級基本上決定了每個人的教育程度。韓國則是因為極端的升學主義，使教育落差更加惡化。根據報導，目前韓國的兒童返家後平均每天讀書超過六小時，而且，受到1998年金融危機的影響，所有韓國學生都卯勁加強英文，就像前面曾經提到的，韓國學生除了學校課業，如果沒有上補習班，就會聘請駐韓美軍的妻子當家教。因為韓國一流的大學只有首爾國立大學、高麗大學、延世大學和梨花女子大學四所大學，對於出人頭地意願強烈的韓國人來說，到國外留學已經是普世價值。如同我在第一章提到的，韓國學生在高中畢業前必須達到TOEIC 800分的水準（滿分990分），因此每個人從年輕時就開始苦讀英文。

加上韓國就業情況比日本還糟，大學畢業找不到工作的年輕人有高達三到四成，能夠提供穩定生活的單位也只有政府、三星、現代、樂金電子和浦項鋼鐵（POSCO）。在這些公司工作收入自然不同於其他公司，看到的人生風景當然也不同。

在這樣的環境下，韓國學生就算上了大學，也不會和日本學生一樣，不上課只顧著玩。他們會一邊想著未來的就業問題，一邊根據未來趨勢，選修重要科目，拚命念書。激烈的升學戰爭在韓國只會愈演愈烈，收入落差（以及「毅力」的落差）形成的教育落差更是有增無減。

沒有標準答案的北歐教育

相較於亞洲國家的升學主義，北歐算是教育落差較小的地區。

由於北歐是福利國家，人民基本生活都受政府保障，所以北歐沒有窮人，每個人的受教機會不僅均等，而且完全免費。其中芬蘭和丹麥的樂活教育（LOHAS = Lifestyoes Of Health And Sustainability 的縮寫，乃指與環境共存，建立健康且永續社會的生活型態）和日韓兩國的填鴨式教育更是形成強烈對比。北歐的教育不像日本那樣強調知識背誦，而是讓學生在沒有答案的教育裡，透過「思考」找出自己的答案。校園內不僅禁止使用「老師」這個稱呼，也不斷訓練學生透過課堂討論得到結論。

此外，北歐的樂活教育非常重視三件事。第一是「家庭」。他們認為與家人相處的時間勝過學校的學習。除了生日和聖誕節之外，大小節日都一定會和家人共渡。例如，不僅長達三個月的暑假完全沒有暑假作業，許多家庭也都會利用其中一個月，帶孩子到森林裡體驗大自然的生活，並將在附近河川釣到的魚，或在森林裡採集到的野菇當做晚餐。

第二件事是「社區」。北歐人從小就教育孩子思考自己能對社區有什麼貢獻，這種教育的優點在於，不同年齡的孩子可以從不同的活動中學習領導能力，並且得到自我發揮的機會。這是日本完全沒有的重要生活教育。

第三件事是「地球環境」。許多國際環保組織的領導人都是出身北歐，我認為與北歐的樂活教育不無關係。

如果將全球的教育潮流加以區分，為了迎頭趕上日本、採取填鴨式教育的韓國，和注重生活教育的北歐，可以說是截然不同的兩種極端。

再回頭來看看日本的教育又是如何？簡單來說，就是介於韓國和北歐之間的「磨蹭教育」，其實是最糟糕的半調子。日本孩子不僅知識貧乏，能力也不足，完全沒有在「商業新大陸」謀生的準備。家庭、社區和地球更不是構成日本教育的要素，磨蹭教育到頭來只是培養出一群以自我為中心、完全不懂人情世故的年輕人，除了缺乏英語力和國際觀，更沒有勇氣和毅力出國和人一較高下，當然也製造不出具有國際視野的領導人。不論是教育上的落差，還是能力上的不足，都是日本年輕人將來必須面對的生存課題。

從現實來看，日本已經無法再走回韓國（也是過去的日本）的填鴨式教育，必須改採北歐的樂活教育，從小培養孩子獨立自主的能力。

日本教育的問題不在錢，而是根本走錯了方向，不僅內容空洞，也完全培養不出世界通用的人才。就算提供教育補助能增加大學升學率，但如果還是由目前的老師（只負責傳達文部省的指導要領）繼續進行「磨蹭教育」，絕對不可能培養出國際型的人才，我甚至認為還不如讓他們少和學生接觸的好。

如果沒有抓住問題的癥結，即使是日本教職員工會代表的民主黨議員，還是會換湯不換藥地以「免費」、「小班制」和「寬鬆教育」進行沒有實質意義的教育改革。我雖然希望他們與黨內的力量切割，展開有力的改革，拉近日本與世界人才嚴重的落差，但政權交替已經將近一年，至今仍然看不到改革的任何蛛絲馬跡，不禁令人擔憂。

釐清輕重緩急再下手

不只如此，民主黨政府還不斷增加原本金額已經十分龐大的赤字。

日本政府以「事業區分」為名，刪除多餘預算，雖然獲得社會正面肯定，但在我看來幾乎沒有任何實質意義。雖然這項預算案有蓮舫和枝野幸男議員針對個別事業進行規劃，但在統整各個區域後，還是無法掌握整體面貌。那麼這次的「事業區分」究竟和以往財務省在編列預算上有何不同？事實上，財務省的官員只是找人依照他們的劇本，在不得罪人的情況下，代替自己出面交涉。如果睜一隻眼、閉一隻眼來看，民主黨即使將過去檯面下進行的預算協商成功攤在陽光下，但這其實和一般公司精簡成本沒什麼兩樣，只是在雙面影印或午休關燈等小事上精打細算，並沒有全面提高削減經費的效果。

我認為與其如此，民主黨政府還不如認真推動過去一直倡議的理想，或是把二十分之一的預算拿來做為強化人才力的基礎。可行的方法大致有四。

首先是「基礎自治體」。民主黨應該以全國300個、擁有30萬人口的基礎自治體做為政策施行的對象，並且將財源和權限下放，這是改革成功與否的重要關鍵。不同於目前從國家到省廳、都道府縣、市町村的中央集權體制，這是將地方政府定位為一切政策的基礎（但民主黨的政見中並沒有我主張的「道州制」概念）。我認為從這些基礎自治體出發，針對各項預算進行討論，才能真正降低成本。

但是，要經營擁有30萬人的基礎自治體，可以採取何種模式？首先必須思考要怎麼做才能讓30萬人生活在安全、安心、知性且舒適的環境中。這當然需要建構完善的警察、消防隊、小學、中學和環保系統，就好像電腦遊戲「模擬城市」一樣，要打造好社會必須先從充實社區著手。但重點不在先設立公家機關，而是先準備30萬人的生活必需品，然後再針對所需經費進行討論，分配企業、組織和個人必須負擔的金額，最後再依成本定出社區規模。

此外，法律規章也可以依照各地方不同的需求調整內容。就拿第四章曾經提到的建築基準法來說，我認為可以由各地方政府自行決定法規細節，這麼一來，每個城市就可以依據地方特色或需求，進口國外的廉價組合住宅，或是以全新工法興建大樓，讓日本的街道景觀煥然一新，不會像現在無論走到哪都是一成不變的無趣街景，讓不同地方都能展現出地區獨有的風土人情。更重要的是，這會帶動良性競爭，只要有價格更低、環境更優的住宅，就會吸引他地居民遷入。相反的，如果城市不受歡迎，導致人口銳減，各地方政府就必須認真考慮如何提升居住品質，與他縣市競爭資源。

如果蔬果店老闆教小學生數學

我常在想小學老師可能只需要現在的五分之一就夠了，為什麼呢？

這是因為只要有一位優秀的老師，就可利用網路將學生和老師連線，進行網路授課。我自己目前就利用這樣的方式在多所大學、研究所和EMBA授課，只要有一台電腦或ipad，就可以同時且直接地指導數百位學生。雖然，教育不只是傳授知識，還需要輔導孩子具備日常生活的能力，但是，學校的課業基本上完全可以透過網路教學。

利用網路教學還可以增加當地居民和家長（或祖父母）擔任教育志工的機會，例如，蔬果店的老闆可以用蘋果的進貨和銷售，讓孩子了解交易的實際情況，父母也可能比老師更適合指導孩子朗讀詩歌。如果是電腦課，可以請東芝或富士通的員工來上課；如果是生活倫理課，可以請消防隊員或醫院員工以具體經驗，教導孩子如何面對危險，了解體貼他人的重要，我相信這樣生活化的學習，一定會讓孩子更樂在其中。當然，企業也可以用制度鼓勵員工每年從事二十天的公益教育活動。

這種腳踏實地的生活教育好處可以說多不勝數。一來孩子會對成人的社會、工作和職業，有完全不同的了解，體會消防人員的工作有多辛苦；魚販和蔬果店的老闆如何為居民一大早就開始工作。另一方面，家長也不至於將教育孩子的責任完全交給別人，除了會非常願意接近社區其他孩子，也會開始思考自己在社區扮演的角色。

日本其實一直都將社區生活視為飯店服務，只會抱怨垃圾車還沒來、救護車太慢，或是道路應該更平整。然而，社區原本就是鄰居互助共生的單位，如果隔壁的老伯病倒了，左鄰右舍應該分工幫忙，有的打電話給醫院，有的開車送他到急診室。如果大家都有這樣的社區意識，就會更懂得尊敬彼此的工作，社區就會更舒適、更溫暖，社會的負擔也會相對減少，稅金自然也就跟著降低。

「小數論」和「多能工」

如果社區網絡健全，市公所這些單位就沒必要設立辦理臨時業務的櫃檯。因為現在基本上各類申請手續或登記業務都已經網路化，無論何時、何地都可以透過電腦進行（當然還必須為了年長者開發數位電視播放互動系統）。此外，如果各地方政府對於共同業務的外包方式達成共識，現在就連市公所員工都可以不要，櫃檯頂多只要一個人力，因為以電話詢問專家的方式就能解決所有問題。

除了教育、醫療和看護等業務，這項計畫最終的目的，是希望能讓所有人力業務全數削減，因為這樣就可以將更多的人力和資源分配到教育、醫療和看護上。公務員的世界原本就盛行「整數論」，就拿圖書館來說，如果整理書本需要一個人力，他們就會編列1.0個人力的預算，如果一個人力不夠，就會編列2.0個人力的預算，總之會依需要持續增加預算，這就是所謂的整數論。

但在一般企業就絕不可能這麼做，無論是豐田汽車，還是松下電器，都是藉由將「整數論」轉化為「小數論」來提高生產力。舉例來說，假設工廠某部門原本有20位人力，隔年公司就會思考能否以12個人力來做同樣的事，又如果引進工具或機械，就會試圖縮減到6個人力，並且思考該如何才能達成這個目標，將流程朝「多能工化」進行。這種方式就是進一步將每個人的勞力和時間區分成「小數」，盡可能地人盡其才、物盡其用，也就是說民間企業的人力使用是以0.3＋0.2＋0.5＝1（人）的模式思考，但對於只懂整數論的公家機關，同樣的工作卻會變成3（人）。

公務員長久以來都是用「責任範圍內絕不能出錯」的思維做事，因此只能接受「整數論」，然而，地方政府在規劃行政體系時，可以讓每各社區自行決定如何處理類似的行政服務。

一般人都會因為服務是免費的，希望政府提供更多、更好的服務。但如果知道實際的費用後，我相信多數人就不會做同樣的要求了。就像現在的健康保險，每位病人得依所得負擔一到兩成費用，但醫院只能得到病患負擔的一到兩成，不過，如果將所有醫療費和社區被保險人負擔的金額如實告訴市民，相信有許多人甚至會重新考慮要不要就醫。同樣的，百姓如果知道一項行政服務實際的花費，應該也會出現將服務減少至最低的想法，或是如果要繳納兩成的收入做為住民稅，我相信應該會有人希望以到小學教育服務，取代這兩成住民稅吧。

事業區分應該讓百姓自己進行，不該由政府插手，這才是基礎自治體的真諦。我相信經過一段時間之後，地方上就會出現「這項服務是必要的」「這項服務是多餘的」高效行政體系。由於有300個基礎自治體的個案可供研究，只要懂得學習彼此的錯誤，我更相信不出幾年就能創造出高品質、高效率的行政服務，這麼一來，行政成本也能降低到現在的十分之一，尤其是如果能夠透過雲端運算，由第三者以極低的費用提供地方共通的業務，就又不需要自行建立系統了。我想看到這裡，大家就知道「事業區分」是多麼沒意義了。

人才戰國時代

每當只要討論到地方分權，中央政府的官員就一定會拿出「托盤論」當藉口，抱怨地方政府缺乏可以承擔大任的將才，所以即便「分權」也只會引發恐慌。

其實一點都不需要擔心，只要用我的方法削減行政成本，就能讓中央政府以現有一半的人力來運作，而這些「多餘」的人力就能前往地方協助改革。這樣做還有另一項好處，那就是在握有自主權的地方工作，每個人都能發揮所長，我相信在成就感的驅使下，愈優秀的人才，就愈想到地方政府工作。

請大家回憶一下，日本最有活力的時代不就是戰國時代嗎？當時的戰國大名（**編注：日本封建時代對擁有較大領地者的稱呼**）都是依照自己的喜好興建城池，規劃市鎮，因此若是與他藩發生戰爭，失敗了也只能歸咎自己領導無方。當時地方上有三百位諸侯各自為政，那種競爭，就好像是三百多位CEO（執行長）各展本事，為拓展領地各自打拚。

聰明的人應該早就聯想到前面提過類似的例子，那就是中國城市之間的良性競爭就好像日本的戰國時代。中國有 180 個人口超過 100 萬以上的主要都市，每個都市都有自己的CEO。中國經濟之所以能有如此爆炸性的發展，全是因為前總理朱鎔基顛覆了中央極權體制，在保存共產黨的意識型態和人事大權之下，將經濟完全交由地方掌舵，這也是中國近年來迅速強大的主要原因，當然也是日本（在結構上）

贏不了中國的一大原因。

用法律加速年輕人成長

我認為民主黨提出的「改革四大重點」只有其中第二項能真正改變日本，那就是「將法定年齡調降為十八歲」。

每回只要提出這個說法，就會有人反對，認為現在十八歲的年輕人還太幼稚，不會願意被視為成人。我也認為現在日本的年輕人的確很幼稚，但也不應該因此將法定年齡延後到二十歲，反而應該提前至十八歲。大家應該思考的是，一個十八歲的年輕人還不能成為大人的社會是不是有問題。

事實上根據調查，包括先進國家在內，全球185個國家中，約有150個國家都將「十八歲以上的人視為成人」，和日本一樣將法定年齡定為二十歲的國家只有個位數。從身體上的發育來說，十八歲也應該是大人了。

法定年齡當然與教育制度有極密切的關係。民主黨如果要大力推行「免費高中」政策，那何不乾脆將義務教育延至高中就行了。義務教育的目的是「培養獨立自主的社會人」，這是每個社區（基礎自治體）應負的責任，所以當然得由每個社區一同實現「免費高中」才說得通。

當然如此一來，課程也得跟著改變。日本的教育是只教英文拼字、畢氏定理的知能教育，完全不教身為社會一份子應該具備哪些常識與為人之道。例如，借錢不可以不還，或是如何不被無知的新興宗教或詐騙集團所騙。

此外，駕照也是「獨立社會人」必備的證照之一，我認為日本可以仿照美國，將駕駛課列入高中課程。放眼世界，已經很少有國家像日本這樣，必須支付昂貴的駕訓班學費才能拿到駕照。雖然畢業後開不開車是個人的自由，但無論有無駕照，每個人都必須使用道路，所以讓學生在高中畢業前學會駕駛的相關規定也有其必要。

有這樣的認知之後，家長和老師就會知道，孩子在高中畢業前，不應該只接受知識性的學習和測驗，還要學習與金錢相關的各種常識、社會的立足之道，以及藥物和保健基本常識。相反的，學生在高中畢業時，也必須了解做為社會一份子應盡的義務和權利。這張同時是駕照、護照、年金卡和健保證明的「社會人卡」（印有所有行政服務共通的編號）就是「成人」、「自我負責」的象徵，當然也是投票的證明。

在多數國家，一個接受完義務教育的十八歲成人，被賦予了投票、喝酒、抽煙、開車、結婚和借貸等一切社會人的權利，當然也必須擔負納稅和刑罰等責任。但日本的法律一方面規定二十歲成人才能投票、喝酒和抽煙，另一方面又准許十六歲和十八歲青年可以分別報考機車和汽車駕照，這表示年輕人如果因為這些「活動凶器」造成交通事故，也無法追究社會責任。

日本法律規定年滿十八歲者才有公投權，至於為什麼和其他選舉的規定不同，政府也不曾向百姓說明，自民黨為了讓法案通過，只是用民主黨的慣用說詞。

「十八歲成年」和「高中義務教育」不僅可以解

決上述所有的矛盾，還可以正當化民主黨在國中義務教育的體制下推行免費高中政策。民主黨雖然給人「亂槍打鳥黨」的形象，但只要實行上述其中一項政策，重新定義社會人的法定年齡，進行教育改革，就會獲得大多數百姓的支持，教育改革也能讓爭議多年的法定年齡問題得到解決。

如果培養專業人士是大學的責任，那負責規劃的行政單位就是道和州。一旦確認責任在基層政府，全國三百個自治體就會相互競賽，看誰能培育出最多優秀的社會人，這樣當然有助於體制改革和活化社會，大家應該竭誠歡迎才是。

利用科技省成本

如果深究「法定年齡」背後的問題，就會發現有必要重新思考從國民教育到社會改革的整體政策。民主黨必須被檢驗的第三個政策就是「個人識別ID」，也就是「全體國民編號制度」。

自民黨曾經幾度提出類似想法，但由於民主黨前身之一的舊社會黨，認為編號是在監視百姓，而且與戰前的赤紙（**編注：日本陸軍的召集令，其顏色為紅色，故稱為赤紙**）有關，所以非常反對，朝日新聞等多數媒體也都很反對。但日本並沒有連結國民與國家的基本資料庫（DB），不僅戶籍尚未資料化，等同戶籍謄本的住民票也無法當成基本資料使用，而大多數的人也都尚未登錄載有住民票資料的住基卡。

在2009年的大選中，民主黨為了取得政權，提出了用國民識別ID做為課稅和年金的資料庫管理機制，並將社會保險廳與國稅廳合併為歲入廳（同美國的IRS；Internal Revenue Service；內地稅務局）。當初提出這項建議的是厚生勞動省大臣長妻昭，但現在民主黨又決定將社會保險廳更名為「日本年金機構」。

我認為民主黨政府應該重新審視此案，發行具有生物辨識功能的非接觸式ID卡，做為個人識別ID，並由政府統一管理相關資料庫，辦理所有行政服務。例如，在丹麥就是如此，只要嬰兒一出生，就會發給類似的識別卡片。

又如前面提到的，另一個做法是在國民達到法定年齡十八歲時，發給識別ID。在美國有收入者才能領取社會保險號碼（SSM），這個號碼除了用於繳稅和領取年金之外，還可用於銀行開戶或考駕照，但若沒如期繳稅，就無法接受完整的行政服務。

日本則是不同單位發行不同識別證，每次辦理不同證明都必須重填相關資料，如果護照、駕照、年金手冊、健保卡、納稅證明、身分證和各類許可申請，都能夠根據國民資料庫辦理，就可以省去填寫資料的麻煩。換句話說，只要搜尋資料庫，不僅可以檢視病歷和處方簽，也可以做為選舉身分證明，這樣每次大選就不必花費1,000億日圓的經費，只要透過地面數位電視播放候選人政見，以按鍵式電話（行動或室內電話）或電腦在世界各地進行投票。關於納稅，也可以根據納稅的金額和過去的記錄，給予特別的優惠。自民黨下台前實施的「定額給付金」，很遺憾的，不是人人有獎，這其實是因為日本沒有連結政府與百姓的資料庫。

民主黨政府只要能結合之前提到的基礎自治體

構想，根據國民身分辨識建立國民資料庫，就可以大幅降低行政成本。也就是說，只要中央、都道府縣和市町村都能夠使用同一個資料庫，無論是行政資源重複，或是依賴人力的服務，最後都可以無人化、自動化，如果說這是國家戰略局最重要的工作一點也不為過。

Know-how就是實力

民主黨在外交政策中提出了「東亞共同體」和「日、美、中正三角形」的構想，但外交靠的是軍事和人才，若由縱容官僚的民主黨執政，很難想像日本有朝一日能夠與美國和中國並駕齊驅，形成正三角形。至於軍事方面，日本戰後一直採取防守機制，缺乏攻擊和防衛能力，根本不具軍事能力。日本在1980年代，曾因為經濟和技術受到世界重視，但近年來無論在哪個領域，都沒有人認為日本是外交舞台上的要角。

事實上，近五年來全球經濟地圖出現了極大的轉變。其中一大轉變是美國霸權已經動搖，向來親美的日本外交也跟著變化，再加上先進國家的剩餘資金流入新興國家，讓這些以往擁有龐大人口的窮國，開始步上成長的軌道。1980年代，光是美日兩國的GDP就占了全球一半，如今就算是所有先進國家加總起來，也不超過60%。

日本在外交上不能只把重點放在中國和東亞，還必須針對全球最大的超級國家歐盟、俄羅斯、CIS諸國、中近東以及以奈及利亞和南非為主的非洲國家、巴西、中南美、土耳其、印尼、越南、泰國等各個國家，採取不同的因應策略。這些國家都有值得往來的「價值」，日本必須採取「等距外交」，掌握多元化的新世界地圖。

目前日本外務省雖然以美國學校和中華學校做為培育外交人才的搖籃，但仍供不應求。不同國家有不同資源和優勢，但如果還認為俄羅斯是北方領土，中近東是石油，澳洲和加拿大是自然資源，泰國和印尼則是低成本勞動力就完全落伍，錯看局勢。由於現在每個地區都逐漸開始形成龐大的國內市場，如果日本能夠真正且長期投入社會和產業基礎的投資領域，將可成為極大的外交力量。以（日本的獨門技術）核子爐為例，過去企業曾獨自出征，但都分別於阿布達比（Abu Dhabi）和越南遭韓國和俄羅斯擊退，因為即使是綜合型的大商社，在建設一國的社會基礎上還是有許多限制。

民主黨的外交課題不只是單純將方向變更為「日、美、中正三角形和東亞共同體」，而是應該從正面（不是以往提供ODA等援助貸款的做法）參與新興國家的社會發展，協助培育人才和建構組織，將單一的外交方針轉換為多元化外交政策，改變以往認為外務省就是亂槍打鳥、提供ODA援助的慈善單位，而是要積極深入援助國軟硬體各項發展。

多數時候BOT是最適合的援助方式，以獲得長期貸款，負擔從興建到營運數十年內的責任，在回收資金後再將相關設施還給當地政府，這些設施就不會只變成受援國的財產，也完全不同於「自求多福」的ODA模式，因為如果沒有資金、人才和技術三種元素互相配合，ODA就很難成功，況且合作往往都是以一年為單位，根本發揮不了作用。

以十年為單位，協助邦交國建立基礎設施的外交方式，反而有助於維持和改善兩國關係。戰後日本經濟之所以能快速發展，全是因為社會累積了深厚的**Know-how**，但現在必須讓這些「沉默」的專業浮出檯面，做為國家的外交助力。我認為與二十個新興國家建立上述的互惠關係，才是日本政府應該追求的多元外交政策。

結語

讓享受人生變成全民運動

擴大經濟必須仰賴每個國民對好生活的「慾求」，只要讓享受生活的慾望形成一股強大的潮流，多數上班族就會停止「目的不詳」的儲蓄，把錢用來享受人生，如此一來經濟就會好轉，大家也會更願意努力工作。

享受是富有的開始

再進入結語之前，我想先來談談本書的一大重點「心理經濟學」，也就是「讓人想這麼做的經濟學」。

現在世界各國紛紛透過網路，快速進入全球化經濟時代，只要知道某個國家採取哪種有效的經濟措施，就認為同樣的政策應該也對自己的國家有用。但奇怪的是，不論用何種方法，日本消費者的「心態」就是比其他國家冷淡，經濟還是持續萎靡不振，無法回溫，這到底是為什麼呢？

其實要擴大經濟，必須仰賴每個國民對好生活的「慾求」。怎麼說呢？週末到別墅渡假，家人齊聚一堂，圍在大螢幕前看電影，或是在人氣商店盡情購物，讓享受生活的慾望形成一股強大的潮流，就能改善國家的經濟。我認為一國的「繁榮度」是指「人民懂得享受生活」的程度。

然而，有趣的是日本人在「壓抑慾望」這點上卻是異常團結，至少沒有一個先進國家通貨緊縮會超過十五年以上。薪水隨著通貨緊縮年年減少，卻沒什麼人抱怨，反倒是電視和網路上充斥著教人如何不花錢、省錢度日的節儉之道。例如，如何利用超市或便利商店的「300日圓便當」解決一餐，或是利用帳棚或睡袋睡覺等等。

此外，現在社會上出現的「草食男」現象（編注：草食男指的是20歲至34歲沒有雄心大志，不喜歡長時間工作，對物質、名利和愛情的慾望都很低，卻很注重外在穿著和嗜好的日本男性。）其實他們和我之前就注意到的「喪失物慾、不想出人頭地的年輕世代」以及「只圖最低生活水準的低慾世代」很類似，但是這群人奉行「低慾生活」，不買東西的程度到了令人瞠目結舌的地步，這已經不只是一種社會現象，甚至是導致日本結構性不景氣的一大原因。這群三十世代或更年輕的族群一旦成為消費主力之後，結構性不景氣的情況將會更嚴重。

我認為大家應該要把繁榮經濟的希望放在「喪失物慾，不想出人頭地世代」的前一個世代，也就是他們的父母親——嬰兒潮世代。因為只要改變這個世代的生活方式，就能支撐今後十至二十年日本經濟消費的動力。

嬰兒潮世代擁有高達80兆日圓的退休金，試想，如果能讓他們改變想法，「在臨終前花光存款」，享受第二人生的話，整個國家的經濟會怎麼樣呢？就算扣除20兆日圓的房貸，他們的手上應該還有60兆日圓，如果能夠把這筆資金大部分用於消費，對於提振景氣將產生不容小覷的效果。

此舉勢必能大幅改善年輕世代因為育兒或購屋，導致手頭不寬裕，消費意願低迷所造成的不景氣。期待增加稅收的政府和地方單位，當然也應該提出相關對策，藉由實施我在第四章和第五章提到的各類放寬措施和支援國民第二人生的福利，讓中老年人的生活型態也跟著「全球化」，協助他們度過充實而美好的人生。我認為這才是進入成熟國家的日本僅剩的幾條「活路」之一。

老年生活也要全球化

日本經濟始終無法活化的一大原因，其實是日本人的生活型態和價值觀並沒有跟著「全球化」。

我在第四章提到，日本政府今後除了要提供國民安穩的生活外，也要努力創造充實、快樂的美好生活環境，讓大家有「身為日本人真好」的幸福感。而每個人也應該要求政府不准浪費人民稅金或是無所作為，期許政府提供高於目前水準的好生活。

事實上，只要比較歐美和日本的一流大學畢業生，在進入一流企業工作二十年，成為高階經理人後擁有的資產和生活方式，就可以清楚了解日本人的生活有多貧乏。將基金管理當做「全民運動」的美國人，原本就熱衷資產運用，懂得規劃退休後的第二人生，就連和日本人一樣同屬工作狂的德國人，現在也都開始積極追求「美好生活」。

歐美人每星期會花一天的時間來規劃將來的生活，思考如何運用資產、節稅以及老後該移居何處、今年要到哪裡渡假。他們大多擁有渡假別墅，希望上了年紀能到南部尋找「終老之地」，在退休遷居前以出租別墅的方式支付貸款。

相對於此，即使是在一流企業工作的日本精英，千辛萬苦好不容易存到頭期款，買下郊外的獨棟建築或公寓，但光是支付每個月的貸款和孩子的教育費，就已經喘不過氣，更不要說是別墅，大部分的人應該是連休假都沒時間吧！

根據統計，日本的金融資產僅次於美國，為世界第二高。但日本人卻以接近零的利率，將這些資產存入銀行，相較於美國和歐洲各國，幾乎完全沒有理財規畫。雖然個人金融資產金額高達1,400兆日圓，但生活方式之所以如此貧乏，是因為大多數日本人沒有生活計畫，尤其是沒意識到要充實退休後的第二人生。

例如，在我創辦的「大前經營塾」（**譯注：大前研一所創辦的私人企業管理學校**），每次結束長達十二個月的課程之前，我都會要學生「寫出二十項退休後最想做的事」，但大部分的人大概都只寫了三項就交卷，最多頂多只有五、六項。到大前經營塾上課的學生多半是45至55歲的部長、課長級人物，也就是說，就連這群距離退休不到十年的人，也從來沒思考過退休後的事。

問題是退休後的自由時間要比他們想像的還長。

退休生活要比上班人生長

目前日本男性的平均壽命為79歲，女性為86歲，這個統計數字是以推算出生嬰兒未來能活幾年的方式計算（年紀輕輕便過世的人也被計入），換句話說，50歲以上的人其壽命應該要比平均壽命還長。

以60歲的人來說，男性平均剩餘壽命為23年，女性為28年，也就是說，男性可以活到83歲。假設到過世前健康狀況良好，不需要接受照護的時間約有20年，剩餘的自由時間（除掉睡眠、飲食、入浴等時間，以一天12小時計）則為12小時乘以365天，再乘以20年，等於87,000小時。

相對於這個數字，如果以週休二日、每日工作8

小時來計算，22至60歲在公司工作的時間為8小時乘以250天，再乘以38年，等於76,000小時，換句話說，你的第二人生要比在公司工作的時間約長10,000小時。

如此漫長的退休人生該做什麼呢？如同前面提到的，包括大前經營塾的學生在內，大多數人列出的退休生活不外乎是「打高爾夫」、「釣魚」、「登山」、「旅行」、「前往聖地朝聖」、「製作蕎麥麵」、「晴耕雨讀（務農和讀書）」。但無論是打高爾夫、釣魚或製作麵條，大概連續做一個星期就膩了，而環遊世界或是遍遊四國88處聖地（**編注：四國88處聖地是位於日本德島縣、高知縣、愛媛縣、香川縣的88處與弘法大師有淵源的靈場、寺院，又稱為四國靈場**），只要一年就可完成，實在很難用來打發87,000小時。

我年輕時就為了日後的退休生活培養了各種嗜好，例如演奏單簧管、划船、釣魚、浮潛、越野摩托車、水上摩托車、滑雪、雪上摩托車等等。根據我的經驗，每個人都應該培養二十種分別能在戶外、室內、國外進行的嗜好，有些是能一個人獨樂，有些是和朋友一起同樂。

要找出充實退休第二人生的嗜好，關鍵在於源源不絕的好奇心和上進心。雖然要同時擁有好奇心和上進心並不容易，但兩者其實是一體兩面。如果沒有上進心，只有好奇心，就會每樣都蜻蜓點水碰一下，只為了單純的自我滿足，無論做什麼事都無法堅持下去，當然也就無法了解箇中滋味。因此，上進心是充實人生不可或缺的重要條件。

那麼，該怎麼做才能維持上進心呢？首先是將「目標」拉高，然後努力達成。例如，可以設定要贏得與某人的比賽，或是打破什麼樣的紀錄，以具體的目標激勵自己。像我有個朋友在福岡經營公司，他的人生目標是征服九州所有山岳，目前他已經攀登超過七十座以上的山了。

要達成較高的目標，相對得付出較多的努力，但是這麼做可以使生活更有規律，讓第二人生更有幹勁。此外，要能持續不斷地努力，還必須有一同練習、相互競爭的「夥伴」，以及能夠呈現努力成果的

「舞台」，也就是發表的機會。無論是運動、藝術或任何活動，一個人孤單進行，當然進步的比較慢，樂趣也相對減半。反之，如果有一同練習和競爭的夥伴，或是展現成果的舞台，進步就會比較快，樂趣也自然倍增。

好奇心和上進心讓人不老

我擁有不少嗜好，每種嗜好都有不同夥伴，但最令我不可思議的是，我的同好之中幾乎沒有上班族，大部分都是小公司或商店老闆，有的從事木工、油漆，有的從事管線鋪設、版金或電路配線。上班族占日本就業人口七成，我的休閒生活也不需要特別花錢，但即使如此，在這些領域還是不見上班族的蹤影。

例如，我的雪上摩托車夥伴，是我在信州雪地上邂逅的雪上摩托車愛好者。這群好事者約莫二十位，當時正在零下二十度、颳著大風雪的山中享受烤肉之樂，我因為火星塞故障，正愁該如何回去時，他們及時伸出援手，將備用的火星塞給我。因為火星塞一個要價5,000日圓，我覺得一定得還他們才行，但山海茫茫，那年冬天未能與他們重逢，次年冬天好不容易再見到他們，得以報答雪地之恩，最後竟也加入他們的行列。這群人有的務農；有的打獵；有的經營停車場；有的修理機車，但就是沒有上班族。

我常想這會不會是因為上班族對沒有階級之分的娛樂團體不知所措的緣故？在公司上下關係明確，只要聽從上司指示，便可凝聚眾人，然而日本人一旦失去上下關係，無論是自己擔任領導人，還是被人領導，都很難達成共識，經常出現大家各説各話，多頭馬車的情形。再加上有不少上班族除了公司同事，往往沒有其他朋友，如果退休後又無所事事，朋友只會愈來愈少。

然而，人一旦失去好奇心和上進心，就會逐漸衰老。要想擁有讓第二人生充實且快樂的好奇心和上進心，就得多多接近「與自己不同的事物」。透過接觸不同的人、文化和環境來激發好奇心，進而產生上進心。像我現在就是透過不同領域的朋友獲得生活上的刺激，也因此發現許多以往從未經歷的新樂趣。

透過這樣的經驗，上班族在退休後就會成為充滿活力的資深公民，每個人都應該加入與工作完全不同的新社群，邂逅新的人、事、物。

興趣永遠不嫌遲

我認為只要是自己喜歡的興趣都行，但我最推薦演奏樂器和運動。

有很多人都以為樂器必須從年輕開始學才學得會，事實上沒有這回事，像我的朋友因為想在女兒婚禮上演奏某首曲子，他在六十歲時才開始學薩克斯風，最後也如願實現夢想。

學音樂最大的樂趣就是和夥伴一起合唱和演奏，透過音樂結識夥伴。運動則是在提供娛樂的同時，還可洗滌身心、維持健康的好嗜好。我尤其推薦水上活動，例如浮潛、水上摩托車、帆船和快艇都是很好的休閒運動，玩法眾多，只要願意都不難學會。1980年之前，水上運動在日本頗受歡迎，但在泡沫經濟瓦解後就突然沒落，根據數字顯示，日本人擁有遊艇的數目在2000年創下新高後，就開始逐年減少。

在歐洲，尤其是北歐，水上運動是民眾主要的休閒娛樂，像挪威大約每兩戶就有一艘帆船或快艇。每到暑假，大家就會利用一至兩個月的假期，前往海邊、湖邊或河邊戲水，從小就養成親近大自然的習慣。被海洋包圍的日本，其實也可以把水上運動炒得更火熱，成為全民運動。

上了年紀後，有不少人會因為年紀，只對高爾夫球有興趣，對其他運動都敬而遠之，我雖然也認為高爾夫球的確很有趣，但對於維持身體健康並沒有太大效果。Sony的已故創辦人盛田昭夫年輕時就一直維持打高爾夫球的習慣，但後來發現只打高爾夫球並無法維持健康和年輕，所以又在六十歲之後開始學打網球，六十五歲時挑戰滑雪和風帆，六十七歲時甚至取得浮潛執照。即使年過六十，他還是精神奕奕地奔波世界各地，分秒必爭地利用工作空檔拓展嗜好。

雖然盛田昭夫的好奇心和上進心原本就異於常

人，才會有這般堅強的意志力，但如果你才四十或五十歲，最好不要再拿「我已經不年輕了」或「沒有時間」當藉口。

人生下半場也要過得很精采

想要好好享受第二人生，就必須先丟出「在哪裡」、「和誰」、「如何生活」三大重要問題。

首先是居住的地點，現在已經有愈來愈多人想在退休後住在不同地方。例如，根據博報堂針對嬰兒潮世代意識的調查，目前居住在首都圈和關西圈的民眾，分別有44%的男性和39%的女性對於「居住在二個地區」感興趣，而且其中有超過6%以上的人想居住在「都會區」和「郊外（包括渡假區或別墅）」。

此外，根據讀賣廣告社的調查，居住在首都圈的嬰兒潮世代，有35%打算「更換目前的住處」。這些人當中，又有36%的人希望移居到「目前住處的附近」，26%希望到「其他縣市或鄉下」，20%屬意「都會區或市中心」，另外，還有超過 40% 以上的

圖17　將近一半的嬰兒潮世代對「居住在2個地區」感興趣

關於「居住在2個地區」的意識調查(%)

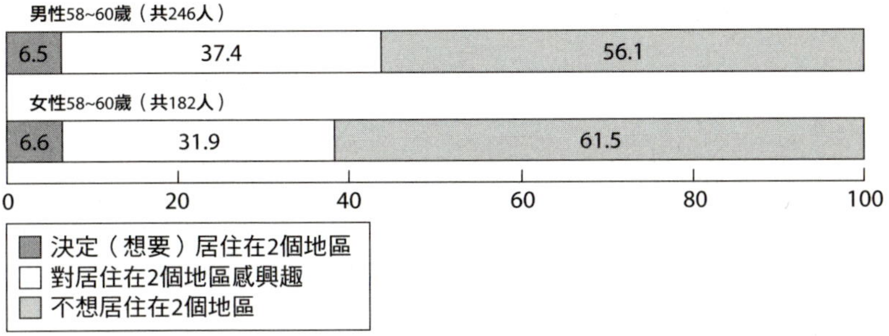

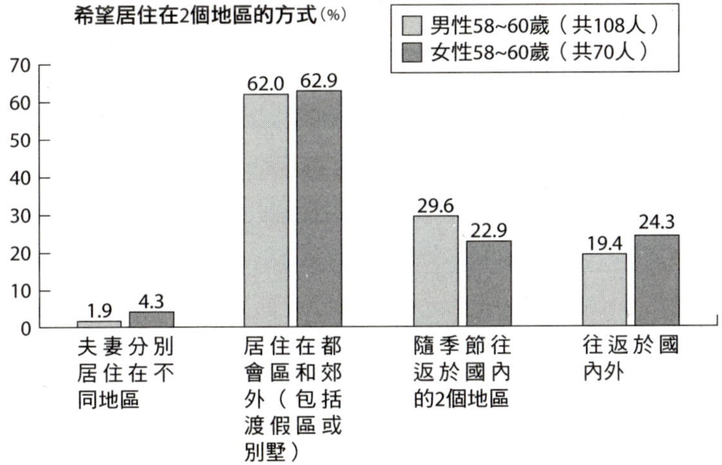

資料來源：博報堂Elder Business推動室所做的嬰兒潮世代意識調查

男性希望遷往「其他縣市或鄉下」，25%的女性希望搬到「都會區或市中心」。較多的男性希望住在被大自然包圍的鄉下，一邊釣魚、一邊種菜，悠閒度日。而女性則有較高比例的人希望能夠搬到平常可以輕鬆購物、享受美食、欣賞音樂或學習才藝的都會區。

至於在「和誰」與「如何生活」這一項，根據讀賣廣告社的調查，有91%希望同居者為「配偶」，其次依序為「子女」28%、「父母」11%、「孫子」5%、「獨居」4%。不過，如果依性別來看，有95%的男性希望與「配偶」同居，女性只有87%，16%的男性希望與「父母」同居，女性只有7%，希望「獨居」的女性，為7%，男性則是0。也就是說，雖然夫妻在想法上有些許落差，但根據博報堂的調查，還是有高達80%的人表示「希望退休後夫妻和睦生活」。

雖然男女對於退休後改變居住地的想法略有不同，但多數人還是希望能和另一半攜手共度下半生，因此，每個人都必須在退休前規劃好如何與另一半共度人生的下半場。

但這其實是有難度的，就像我和太太雖然有音樂的共通嗜好，但她對我最喜歡的越野摩托車和水上摩托車卻一點興趣也沒有，我只能找友人同樂。因此，我很推薦我一直大力提倡的週末別墅，別墅生活能讓大家體會到有興趣相佐的人生是多麼快活寫意。

現在日本各縣市的別墅價格都紛紛崩跌，最誇張的是1990年代在輕井澤要價1億2,000萬日圓的物件，現在竟然跌到只剩下3,500萬日圓。房價雖然會隨著屋齡和地點不同，但我的別墅所在地蓼科，現在經常可見500 萬至600 萬日圓的物件。

最近還有報導指出，和歌山縣政府正在積極鼓勵外地居民移入。如果是長期居住者，最多可補助40萬日圓的裝修費，但我認為地方政府對於來自大阪等都會地區的人，應該也將週末別墅渡假者納入補貼對象。如果這些渡假人口是從週五黃昏到週一早上湧入當地，就能將大阪七分之三的GDP轉移到和歌山縣，何損之有呢？畢竟和歌山縣現在有高達17.9%的「空屋率」，高居全國第三，推動週末別墅絕對有助於活化地方經濟。

日本空屋率最高的是山梨縣，高達20.2%之多，其次是長野縣的19%，換句話說，每五間就有一間是空屋，如同鬼城。但無論是哪個地方，我認為都是東京都民興建週末別墅的最佳場所。目前有許多農舍都以 200 萬至 300 萬日圓的低價拋售，如果加上浴室和廚房的改建費用，我認為大約只需500萬日圓，就能建成一棟擁有私人菜園的豪華別墅。在都會區買小一點的房子，然後將多餘的錢留到週末到大自然中渡假，也是不錯的生活主張。

事實上，只要大多數上班族選擇這樣的生活型態，日本經濟就會好轉，也就是說，只要人民懂得享受人生，物和人就會跟著移動，錢也會自然流入各縣市，經濟的餅也會跟著變大。儲蓄雖然會因此減少，但政府的浪費也會相對減少，不是嗎？

死前花光存款

到假日別墅渡週末，太太可以享受園藝或賞鳥之樂，先生則可從事戶外運動，練身自娛，平常夫妻兩人在都市一同生活，週末各自行動也是不錯的相處方式。無論是要實現新的生活型態，還是想培養自己的嗜好，當然都需要花錢，那麼，要從哪裡找錢呢？

我經常在書中提到，日本人因為缺乏明確的退休生活計畫，所以有許多人沒有、也不曾根據自己收入擬定詳細的財務規畫。五十歲以上的人因為受惠於年金制度，很幸運地成為「成功解套的一群」，退休後不愁沒錢，但由於日本人不做財務計畫，竟有超過八成的人把剩下的錢都帶進棺材了。根據統計，年紀愈大的人金融資產應該愈少，但大部分的日本人把三成的年金都拿來儲蓄，使得半數日本人是年紀愈大，資產愈多，而且，最後平均留下3,500萬日圓的資產離開人世。這群老年人不僅不熱衷資產運用，還毫不在意地將資產投入不到1%的金融商品。

日本老年人因為退休後有年金和壽險，所以只要願意八十歲後就不存款，那麼從六十五歲起的十五年內，每年就會多出250萬日圓的零用金。每年要花掉250萬日圓也不是件容易的事，就算是每人25

萬日圓的歐洲旅行，夫妻同行，每年也得出門五趟，如果是價值29,800日圓的韓國之旅，更是要每個星期都去，才花得完。

為什麼明明有年金和壽險，日本人退休後還要拚命存錢呢？對於這個問題，多數人的回答是：「以備不時之需啊。」那麼，「不時」是何時呢？大家最大的不安應該是「生病或需要照護的時候」吧！日本人體認到人只要上了年紀，有朝一日都需要照護，但事實上七十五歲至七十九歲需要照護的人，只占總人口的15%，大多數的人不是在家中往生或猝死，就是在醫院嚥下最後一口氣。

日本人的另外一個不安就是「長壽」。大家都很擔心如果自己年過八十還很健朗，該如何生活？我認為就算來日無多，只要有房、有年金應該不成問題，但還是有許多人會想：「至少要存點喪葬費」，可是大家會這麼想，又不實際計算喪禮需要多少錢。因此，對我來說，所謂的「以備不時之需」只是放棄思考罷了。

事實上從統計數字來看，日本人從三十幾歲就開始對老後生活感到不安，所以從年輕開始就拚命儲蓄，但是如果問到死後要將存款留給誰，只有兩成的人回答「花光」，一成的人表示「留給繼承人」，高達七成的人竟然是「尚未決定」。與此形成強烈對比，有計畫規劃財務的美國和英國人，回答「尚未決定」的比例只有不到一成（也就是「花光」和「留給繼承人」的比例高達九成）。

我認為看到這樣的結果，大家應該要停止「目的不詳」的儲蓄，把錢用來享受人生（當然要經過家人同意）。如果要參考美國的逆向抵押貸款型壽險（類似以房產做為擔保的擔保餘利融資，將壽險當做抵押質借資金的金融商品），以此做為「不時之需」的話，資產運用的方法多的是。

如果大家能夠早早擬出詳細的財務計畫，我想應該會有更多人過著衣食不缺、充滿活力的老後生活。關於退休的資產運用，我在《後50歲的選擇》和《OFF學》等書都有著墨，大家可以多多參考。

揮別「以備不時之需憂鬱症」

我在2006年曾出版《中流以下的衝擊》這本書，台灣、中國和韓國則以《M型社會》為名出版，不僅暢銷，也引起許多討論。事實上，從政治的角度很難處理「M型社會」，也就是兩極化的社會，因為大多數政治人物都認為自己是窮人、弱勢者的代言人，因此往往都是透過課徵富人稅，或是促進消費使經濟好轉，取得財源。

為了讓各位更具體了解這一點，請看圖18。圖18是不同年齡的收入分布，由此圖可以看出高齡者在退休後仍保有與年輕人同樣的收入。日本社會的一大隱憂，是年輕人既沒有收入，也沒有資產（而且政府針對這個問題並未採取任何對策），但擁有資產的高齡者，在持續有收入的情況下，政府還自動、無差別化地提供各項優惠，形成政府資源極大的浪費。政府如果不跳脫依照年齡給予優惠的迷思，就不可能消除資源浪費。

我因年過六十五，每週都會收到公家機關寄來

圖18 「M型社會」＝高齡者也兩極化

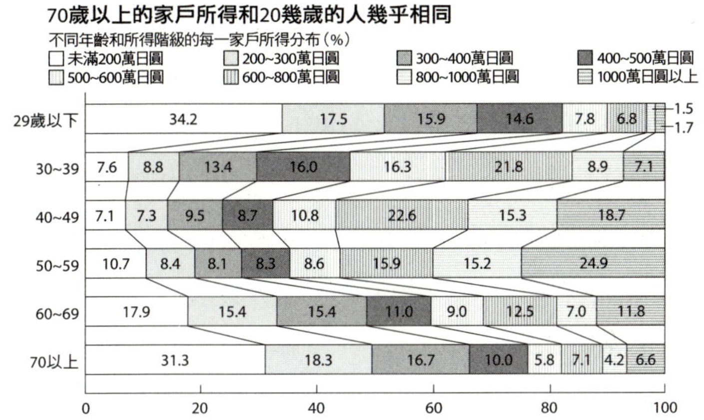

圖19 高齡者存款在500萬日圓以下或無存款的家戶約4成

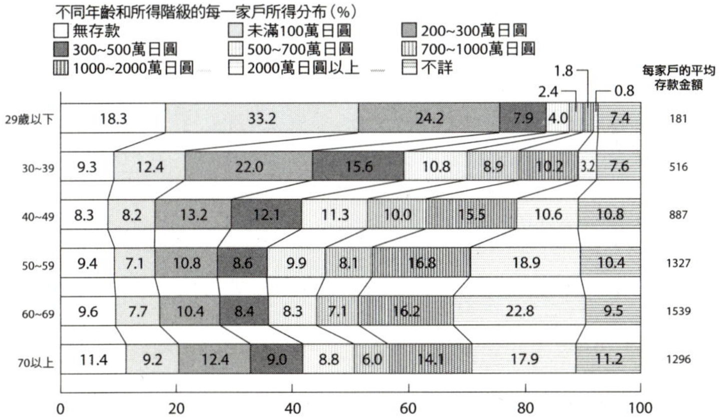

資料來源：國民生活基礎調查2007年調查
BBT綜合研究所

的各類免費服務或年金通知，但這些全數都被我扔進了垃圾桶，因為我自己有工作收入，不想接受國家任何補助。

我認為政府的工作，是在百姓生活困難時，給予可靠的救濟，但是依照年齡建立制度，不僅浪費人民稅金，也毫無意義。我當然也希望在遇到突發事件時能得到政府幫助，但僅限於遭遇失去憲法保障的「生存尊嚴危機」。民主黨在野時也曾提出「生活保護」與「力守年金最後一道防線」的想法，但如今這個政策已經消失無影。

圖19更讓人意外，大家都認為日本高齡者非常富有，但這張圖卻呈現老年人資產兩極化的「M型社會」，也就是退休後生活陷入困境的人逐漸增加的同時，另一方面有錢人也愈來愈多。

從政治的角度來說，以較有時間的退休人口做為主要選民，勝選機率相對較大（因為高齡者投票率較高）。自民黨就是將選舉對象瑣定在老年人，向來加惠老年人，忽略年輕人。但如果高齡者出現兩極化，政府就必須認真思考以年齡建立社會制度的想法正確與否。在高齡者成為壓倒性多數的社會中，如果要提供富人同樣的社會保障，那麼要由誰來負擔龐大的社會支出。

圖18、19只呈現存款的分布情形，但有錢人除了資產外，還有住宅、年金和保險，財產相當豐厚。政府長久提不出對策，讓人民紛紛罹患「擔心未來」的國民病（我稱之為「以備不時之需憂鬱症」）。六十歲以上的日本人是全球最有錢的老年人，但有一半的人都是平淡節儉地度過好不容易來訪的人生黃金期。他們手上的大筆資金都沒進入市場，而是透過儲蓄和保險流入「國債」，這就是日本政府始終能浪費的原因。

諷刺的是，這些「以備不時之需憂鬱症」患者，為了「不時之需」準備的存款，最後都被拿去因應政黨的「不時之需」。我認為這些有錢的老年人應該將錢拿來享受自己的後半生，而不是當做未來資金收藏，這不僅是為了日本經濟，也是為了讓政府不再有「不時之需」。

政治人物為了自己的前途，不斷玩弄高齡者的年金和福利，我認為真正有效的經濟對策，應該是政府往後退一步，從旁支援人民生活，讓百姓能夠充分享受「美好生活」。

別讓政府花光你的錢

我一直試圖在書中清楚描繪我眼中的「百姓」，以及日本經濟的實況，各位現在應該了解歷任政府是如何利用「官僚」和「政府」的「看得見之手」玩弄國家經濟，讓日本最豐富的財源，也就是個人金融資產遭到凍結。

在我看來，這個「以備不時之需憂鬱症」並非不治之症，因為媒體和政府長期嚷嚷照顧窮人，使所得較高的百姓心理因此凍結。身為工業化社會之首的日本，GDP雖高居世界第一，經濟規模也是世界第二，但日本政府卻未跟著時代腳步調整政策。

他們應該在1980年代後期宣示「大家今後開始享受人生吧！政府會幫助大家！絕不會忌妒、憎恨或扯各位後腿。」這個名義上平均GDP世界第一的國家，應該以「提高生活品質，降低成本」為主要課題。守護窮人當然必要，但如果以建立「最小不幸社會」為主要目標的話，將無法帶動經濟，也無法改善高所得者的生活品質。

泡沫經濟破滅後的二十年來，日本經濟一直欲振乏力，這是因為民眾利用加工貿易建立的經濟成就，不知不覺中成為以政府為大本營的大型景氣刺激方案，存款也被巧妙拿去當做抵押。個人金融資產並未投入市場，而是被幽禁在有利於政府和銀行的超低利牢籠中，等到大家驀然回首時才發現，數字已膨脹為泡沫經濟破滅時的兩倍，感覺就好像是個人資產陸續被送入瓦斯室中處死。

不要再期待政府扮演啦啦隊的角色。此次的政權交替應該可以讓大家看清，無論是哪個政黨都只會扯人民的後腿。如果是聰明的政府，應該會利用百姓的巨額存款，提出創造美好生活的提案。光看其他先進國家就可以了解這是低成本就能辦到的事。

然而，當「百姓的看不見之手」已經凍結，如果再繼續放任政府，利用國債打腫臉充胖子，花光大家的存款，民眾就必須採取行動。

政黨如雨後春筍般成立，不斷聚散離合，眼看著在野時義正辭嚴的民主黨，在取得政權後搖身一變成為和自民黨沒有兩樣的特權政黨，更看著他們毫不猶豫編列有史以來最浪費的預算，採取毫無意義的亂槍打鳥政策。不要再對政黨有任何期待了！大家早已經知道永田町（譯注：日本國會所在地）裡住著妖怪，一夜之間就可以改變居民的染色體。

對於屢勸不聽的執政者，人民只能發起政變。政變才能讓日本重生，也就是用人民的看不見之手讓國家成為生活者大國。

我當然不是要大家拿武器，起身奮戰，而是建議大家用以下三大構想進行知性政變。

（1）先有共識

第一階段是必須了解日本為何陷入長期低迷。日本無論是從二十世紀最偉大的實驗，也就是共產主義，還是修正過度的北歐式資本主義，都完全沒有從中學到任何教訓。儘管百姓拒絕加稅，日本政府還是不斷浪費，在不加收兩倍稅金的情況下，只能繼續發行國債，或是向未來借款。但像日本這樣經濟不成長、人口不增加的國家，根本還不起。尤其是日本的累積債務，和GDP的比例已超過200%，不斷打破世界紀錄。即使將消費稅提高至10%，也必須還上100年。如果提高至25%，雖然可以早點還完，卻會導致消費低迷。政府這個如意算盤可能一點都不如意。

因此，如果放任政府或不斷空談稅制，將無法改善現有狀況。而且，政府的規模愈來愈大，財政也只會更惡化。

此外，自希臘危機之後，財政惡化已被國際視為「主權危機（對政府或中央銀行的信用危機）」的象徵，極可能遭受市場制裁。由於目前日本民眾的金融資產已被政府挪用，情況十分危急。但如果大家都將郵政儲金解約，很可能引爆國債危機，這種進退兩難的窘境，竟然成為讓其他國家「放心」的依據。國民不購買國債，美國人和希臘人還能放心享受生活，是因為有日本和中國替兩國政府的浪費撐腰。發生主權危機的西班牙甚至企圖以「只要購買西班牙國債就既往不咎」的方式，脫離財政危機。

至於日本，由於已不期待政府有所作為，因此只能要求削減預算，以重建財政為優先考量。至於刺激景氣，則必須仰賴人民本身，而非稅金。

（2）從國債轉移資金

雖然日本人儲蓄的美德變成國家浪費的根源，但如果將國債轉換成其他金融資產，將導致國債暴跌，所有人血本無歸。為避免擠兌，大家應該像移象棋般小心翼翼、一點一點地提領存款，否則可能導致金融機構禁止提領。

具體的做法如同我在書中提到的，可移居到都心的廉價公寓，或購買週末別墅、金融資產和借款（但採固定利率計）。此舉可有效對抗國債暴跌以及持續的惡性通貨膨脹。為了搶在金融資產被國家沒收前享受生活，大家應該要充分運用資金和借貸能力。

諷刺的是，眾多百姓經過這一切之後，經濟情況竟不減反增。這是因為人民的努力，使得稅收增加，政府無法再浪費。換句話說，只要「百姓」採取行動，就能夠活化政府無力改變的經濟，產生雙重效果。

（3）自治體採取行動

如果和歌山和長野縣的別墅只是單獨一間坐落在冷清的村落中，到週末別墅渡假的樂趣也就相對減半。因此，第三階段就必須實現「基礎自治體」的構想，也就是地方政府為了讓移居者享受田園生活，就必須整頓街道和學校，充實社區活動，讓都市人更容易融入當地，退休後願意定居於此。另一方面，都市也可以利用鬆綁建築基準法和容積率，興建比以往價格更低廉、更美麗的住宅。

這幾年將是決定日本今後命運的關鍵年，擁有決定權的是握有「活化經濟之鑰」的「百姓」，如果我的看法加上讀者的見解和行動力，能成為改變國家和企業的「驅動力」，實屬萬幸。

國家圖書館出版品預行編目資料

一個人的經濟：成熟市場也有大金礦／大前研一著. -- 第一版. -- 台北市：天下遠見, 2011.03
面； 公分. --（財經企管；CB452）
譯自：民の見えざる手　デフレ不況時代の新・国富論
ISBN 978-986-216-716-8（精裝）

1. 經濟發展　2. 趨勢研究　3. 日本

552.31　　100003264

財經企管 452

一個人的經濟

成熟市場也有大金礦

原著書名／民の見えざる手　デフレ不況時代の新・国富論
作　者／大前研一
譯　者／孫玉珍
編輯協力／中村嘉孝
財經館總監暨天下文化編輯部召集人／余宜芳
責任編輯／黃安妮
封面設計／李建邦
版型設計／李建邦、黃淑雅

出版者／天下遠見出版股份有限公司
創辦人／高希均、王力行
遠見・天下文化・事業群 董事長／高希均
事業群發行人／CEO／王力行
出版事業部總編輯／王力行
版權部主任／張紫蘭
法律顧問／理律法律事務所陳長文律師　　著作權顧問／魏啟翔律師
地　址／台北市104松江路93巷1號2樓
讀者服務專線／(02) 2662-0012
傳　真／(02)2662-0007；(02)2662-0009
電子郵件信箱／cwpc@cwgv.com.tw
直接郵撥帳號／1326703-6號　天下遠見出版股份有限公司

電腦排版／立全電腦印前排版有限公司
製版廠／立全電腦印前排版有限公司
印刷廠／崇寶彩藝印刷股份有限公司
裝訂廠／精益裝訂股份有限公司
登記證／局版台業字第2517號
總經銷／大和書報圖書股份有限公司　電話／(02) 8990-2588
出版日期／2011年3月31日第一版第一次印行

定價／330元

ISBN：978-986-216-716-8（日文版ISBN：978-4-09-379812-9）
書號：CB452

天下文化書坊　http://www.bookzone.com.tw